JN039926

見るだけで

ポイント早わかり

図解

算数

授業研究

髙橋 朋彦 著
Takahashi Tomohiko

明治図書

はじめに

「授業が上手くなりたい！」

私がそう思ったのは，教師になりたての初任時代の頃です。

初めて持った学年は5年生。

（授業で子どもを惹きつけるぞ！）

そんなことを思って授業をしました。

しかし待っていたのは，つまらなそうに授業を受ける子どもの姿。学習も全く理解できていません。

そんなある日，校長先生が私の授業を参観してくださる日がありました。あまりにも私の算数の授業がひどかったのでしょう。校長先生は私の授業を急に止めて，代わりに授業をしてしまったのです。その時の子どもの表情といえば…とても楽しそうでした。私は，惨めやら悔しいやら，ネガティブな感情が心の中で渦巻きました。今でもあの時の気持ちは忘れられません。

そこから算数の授業を中心に学び始めました。

「専門的な学びをすれば，きっと楽しい授業になるはずだ！」

そう思って教育書を買うと，素晴らしい実践がたくさん紹介されていました。私は教育書に書かれている教科書にはない教材を用意したり，発展的な問題を用意したりしました。しかし，思い描いたような授業になることはありませんでした。

それもそのはず，そもそも授業が下手な私は，そのような素晴らしい授業実践を扱う実力がなかったのです。

もうしばらくすると，私の授業が機能しなくなってしまいました。そこでようやく気づきます。

「専門的な学びをする前に，授業をきちんと流せるようになることが重要なのではないか？」

その日から，自ら授業を振り返ったり，先輩から学んだり，指導主事の先生からアドバイスをいただいたりしたことをもとに授業改善をしました。

　すると，少しずつではありますが，子どもたちが授業に前向きに取り組んでくれるようになったのです。それに伴い，教育書に書かれているような算数の専門的な実践も成果をあげられるようになってきました。

　改めて基本的な授業の流れができるようになることの大切さを痛感した私は，手応えのあった授業をいつでも再現できるように，できるだけシンプルに考えるようになりました。

　本書では，私がこれまでに学んだ基本的な算数の流し方を図解にしてまとめました。

　算数の基本的な流し方を知っていることで，授業改善を積み重ねられたり，子どもの突発的な意見に対応できるようになったり，短い時間で成果のあげられる授業に改善できたりします。それだけでなく，自分の思い描くような算数の授業や教育書に書かれた発展的な授業ができる授業力をつけることができます。

　本書の授業の流し方や使われている言葉は地域や学校，ご自身のスタイルによって変わってくるかもしれません。本書の方法をご自身の環境やスタイルに合わせて変えながら使っていただけると嬉しいです。

　それでは，しばし，お付き合いください。

著者　髙橋　朋彦

CONTENTS

第2章

1時間の授業の
流れとパーツ

腕をあげる
「算数」授業研究

板　書

第4章

「授業づくり」の実際

第1章

算数の授業を
グッとよくする
ポイント

「算数の特性」を生かした教科指導をする

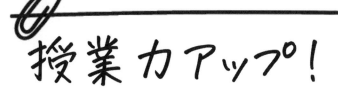

算数の特性を生かした
授業づくり

算数授業の3タイプ
① 活動タイプ
② 確認タイプ
③ 思考タイプ

POINT

　算数科の特性をおさえて授業をすることは，「授業力アップ」につながります。算数での授業力アップは，他の教科の授業にもよい影響を与えてくれます。

算数の特性

　算数を通して授業力アップをするためには，教科としての特性を生かして授業づくりをすることが大切です。いろいろな特性があると思いますが，私は特に，次の３つの特性を生かせるように授業づくりをしています。

①「算数授業の流れ」が基本的に同じであること
②「算数授業の３タイプ」があるということ
③ヒットしやすい「算数授業のパターン」があるということ

　算数は比較的に授業の再現をしやすい教科です。成果のあがった方法を次も続け，成果のあがらなかった方法をやめることで授業改善をし続けることができます。授業改善を続けることで授業力アップにつながります。

他の教科にも生きる

　例えば…
①「算数授業の流れ」をおさえられれば，他の教科の流れも自分なりにおさえて授業をすることができるようになる
②「算数授業の３タイプ」をおさえられれば，他の授業でも，活動させたり確認させたり思考させたりする展開を使い分けた授業づくりができるようになる
③ヒットしやすい「算数授業のパターン」は，自分なりの勝ちパターンを見つけることで，他の授業でも成果のあげられる実践になる

　このように，算数の授業を通して授業力アップをすることができれば，自然と他の教科の授業改善にもつながります。

授業の「基本的な流れ」を
おさえる

算数授業の
流れ

① 復習
② 素材提示
③ めあて づくり
④ 見通し
⑤ 自力解決
⑥ 対話的活動
⑦ 適用問題
⑧ まとめ
⑨ 練習問題
⑩ 振り返り

POINT

　算数は，授業の基本的な流れをおさえることで，違う内容や単元でも同じように授業を展開することができます。教師にとっては授業改善につながりやすく，子どもにとっては安心できる授業につながります。

基本的な流れを知る「よさ」

基本的な流れを知るよさにはどんな「よさ」があるでしょう？
私は…

・毎回同じように授業展開ができるので，授業がスムーズになる
・目の前の実態に合わせて展開を変えることができる
・教師の授業改善につながる

と考えています。

　基本的な流れをおさえることができれば，毎回同じように授業展開をすることができるのが算数授業の特性だと考えます。流れをおさえられていれば，目の前の実態に合わせて流れを変えるアレンジをすることもできます。算数授業の特性を生かすことで，教師は子どもの実態に合わせて，授業の工夫・改善をすることができます。

子どもにとってもいい

　算数の基本的な流れをおさえることは，教師にとってだけでなく，子どもにとってもメリットがあります。例えば，下記です。

・見通しを持って学習に参加することができる
・思考の流れがスムーズになる
・安心感につながる

　基本的な流れをおさえて授業を積み重ねることで，子どもたちの学習に参加する姿勢や態度は安定します。算数の安定した授業は，他の教科にもよい影響を与えることができます。

➗ 基本的な授業の流れ

　では，どのように流れをおさえて授業の展開をすればよいのでしょうか。私は，「10のステップ」を基本としています。この10のステップを意識することで授業を安定させることができます。とはいえ，毎回10のステップでできるわけではありません。基本的な流れを大切にしつつ，順番を変えることもありますし，取り入れないステップもあります。その時の授業内容や子どもの実態によってアレンジしています。

　10のステップの具体的な意識は次のようになっています。

①復習
・本時の学習に必要な数学的な見方・考え方の確認をする
・本時の学習に必要な公式や問題の解き方を確認する
②学習素材の提示
・子どもの興味・関心をひきつけるような提示の仕方を工夫する
・具体的な場面をイメージできるように工夫する
・わかっていることや聞かれていることを確認する
・既習と未習の違いを明確にする
③めあてづくり
・活動タイプ・確認タイプ・思考タイプを使い分け，本時の学習内容を明確
　にする
　（例）活動タイプ「～の計算練習をしよう」
　　　　確認タイプ「～にはどのような特色があるのだろうか」
　　　　思考タイプ「～はどのように求めるのだろうか」
　　　　　　　　　「～のようになるのは，なぜだろうか」
④見通し
・既習事項や解決のための見方・考え方の確認をする
・問題に取り組む方法を選択させる

⑤自力解決

・子どもの考える時間をできるだけ多く確保する

・早くできた子には，いろいろな解決の方法を考えさせる

・ここで全員が理解していなくても授業の最後に理解できていればよい

⑥対話的活動

・ミニ先生で解き方を教え合う 　　・ペアで解決方法の確認をする

・ペアで発表の練習をする 　　・グループで解決方法を話し合う

・グループで1つの問題に取り組む 　　・全体で発表する

⑦適用問題

・本時の課題の数値を変え，考え方の訓練をする

⑧まとめ

・1時間の流れを振り返り，できるだけ子どもの言葉でまとめる

・学習問題と同じ言葉を使う

⑨練習問題

・学習内容を定着させる

⑩振り返り

・どのように学び，どのような学びがあったか振り返る

・全体での学びを個人に戻す

※①〜⑩のステップを1つのサイクルとして1時間の授業展開をします。そして，次の授業では前時からのつながりを意識し，①〜⑩のステップで展開することで，つながりを持って学びを積み重ねることができます。

　10のステップはとても多いように感じますが，慣れてしまえば自然な流れで展開できるようになります。私の場合，最初はノートを使って授業の流れを意識しながら細かく教材研究をすることで，授業の流れが少しずつ定着してきました。今では，以前のように細かく教材研究をしなくとも，自然な流れで授業展開をすることができるようになりました。基本的な流れがある算数だからこそ授業改善を積み重ねられたのだと考えます。

「算数授業の３タイプ」を 使い分ける

算数授業の３タイプ

①  活動タイプ

②  確認タイプ

③  思考タイプ

POINT

　算数の授業には３つのタイプがあります。その授業に合ったタイプを選択し，基本的な流れを意識して展開することで算数の授業を充実させることができます。

算数授業の３つのタイプ

　算数の授業には，大きく分けて３つのタイプがあると考えています。

①活動タイプ…練習をしたり物を作ったりする
②確認タイプ…結果はわかっていて，それが正しいかを確認する
③思考タイプ…問題を解決する過程で解決の仕方を考える

　③の思考タイプの授業では，本時の課題の解決の仕方を思考しながら学力の定着を図ります。しかし，思考タイプの授業だけでは展開できない内容もあります。図形の特徴を調べたりまとめたりする②の授業や，計算練習をする①の授業も必要です。３つのタイプの授業の中から，内容に適したものを選択し，授業づくりをします。タイプは３つありますが，どれも基本の流れを意識して授業展開をすることができます。

基本的には思考タイプ

　算数では，「問題解決型学習」を推奨されることが多いです。問題解決型学習に対して賛否両論ありますが，私自身，日々授業をする中で問題解決型学習による成果の大きさも感じています。また，私の住んでいる地域では問題解決型学習が推奨されています。ですので，私は基本的に問題解決型学習で展開するように心がけています。

　問題解決型学習は，③の思考タイプです。基本的な授業展開は③の思考タイプになります。計算練習が多い時は①，図形の特徴などを調べる時は②など，授業の特性によって３つのタイプを使い分けています。

「算数授業のパターン」を
おさえる

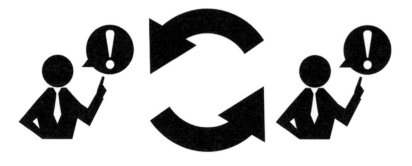

算数授業のパターン

勝ちパターンを見つけて

繰り返す

POINT

　算数授業のパターンを身につけることができれば，たとえ学習内容が
違っても，成果のあがる授業ができるようになります。自分なりの勝ち
パターンを見つけて繰り返すことで，より成果のあがる授業になります。

算数授業のパターン

　ここでいうパターンとは，授業者の行う「○○の仕方・させ方の型」です。同じことをすることが多い算数授業。たとえ同じことでも，授業者の持っている「パターン」によって成果は変わってきます。

　例えば下記のパターンです。

・復習の仕方のパターン
・素材提示の仕方のパターン
・フラッシュカードの使い方のパターン
・めあてのつくり方のパターン
・対話的活動のさせ方のパターン
・まとめのつくり方のパターン
・振り返りの仕方のパターン

　授業者の「パターン」を磨くことによって，より成果のあがる授業につなげることができます。

自分なりの「勝ちパターン」を見つける

　不思議なもので，同じようなパターンを使って活動をしても，授業者によって成果が変わってきます。また，目の前の子どもの実態によっても成果のあがるパターンは変わってきます。

　ですので，自分にも目の前の子にも合った成果のあがる「勝ちパターン」を見つけることが大切です。

　日々の授業改善を通して「勝ちパターン」を見つけて繰り返し続けることで「勝ちパターン」は磨かれ，授業力アップにつながります。

「小さな授業改善」を
積み重ねる

POINT

　授業はすぐに上手くなるものではありません。日々の小さな授業改善を繰り返すことが，数年後の大きな授業改善につながります。授業の再現のしやすい算数は，小さな授業改善を積み重ねやすい教科です。

授業はすぐに上手くならない

「教師は授業で勝負だ！」

　私が若手の頃，ベテランの先生からよく言われたことです。授業の大切さはわかっているものの，何十年も教師をしている先輩のように授業をすることは若手の私にはできませんでした。しかし，子どもには関係がありません。ベテランの先生の素晴らしい授業と若手の未熟な授業を比べます。私も

「先生の授業はわかりづらい！」

と言われ，何度も何度も悔しい思いをしました。しかし，悲しいことに，すぐに授業は上手くなりません。時間がとてもかかるものです。

小さな授業改善を積み重ねる

　では，時間が経てば授業は自然と上手くなるものでしょうか？　そんなことはありません。授業改善を積み重ねなければ，いつまで経っても授業は上達しません。授業の上達には，裏技もなければ近道もないのです。

　算数には，

①「算数授業の流れ」が基本的に同じであること

②「算数授業の3タイプ」があるということ

③ヒットしやすい「算数授業のパターン」があるということ

という特性があると紹介させていただきました。この特性をおさえることで，小さな授業改善をすることができます。そして，その小さな授業改善を積み重ね続けることで，将来，自分の思い描く理想の授業へと近づくことができるはずです。

　授業は努力を裏切りません。1回1回の授業では小さな授業改善しかできず，成長の実感はないかもしれません。しかし，その小さな授業改善を積み重ねることが，大きな成長へとつながります。

第2章

1時間の授業の
流れとパーツ

既習の内容を本時に
つなげる「復習」

算数の授業は，「既習の学習を使って未習の学習に取り組み，解決方法を導く」特徴があります。既習の学習を本時につなげることで，連続した学びで解決方法を導くことができます。

既習の内容をつなげるための「復習」

では，「前時の学習を本時につなげるための復習」にするにはどうしたらよいでしょうか？　例えば私がしているのは，

①**用語・公式・図や表などの確認**

②**道具の使い方の確認**

③**フラッシュカード**

④**前時に学習したことの確認**

です。「既習の学習内容を本時の学習につなげる」ということを意識して復習をすると，授業での成果が大きくなります。

とはいえ，復習にかける時間は3分程度にしています。短い時間で効率よく，明快にできる復習が理想です。

おすすめしない復習

私は，**計算練習**はあまりおすすめしていません。もちろん，必要な時もあります。しかし，計算練習を復習に取り入れると，できないことに目が行きすぎてしまい，メインの学習が疎かになってしまうことが多いです。私は以前，「前時の学習がしっかりと身についていなければいけない！」という意識が強く，前時に学んだ問題を黒板に書いて全員が解けるまで練習していました。すると，全ての問題を全員が解ける頃には，授業時間の半分を使ってしまい，本時のメインの学習の時間がほとんどなくなってしまいました。メインの学習の時間が少ないので当然，学習の理解度も低いです。そして次の時間に復習すると，もっと時間がかかってしまい，さらに次の時間は…と，負のスパイラルに陥ってしまいました。

本時の学習につながるための計算練習なら効果はありますが，ただ計算練習をするだけの復習は効果が薄いように感じています。

用語・公式・図や表などの確認（①）

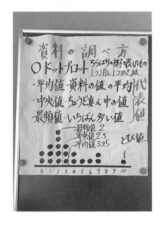

　掲示物を使い，学習で使う用語・公式・図や表などの確認をします。声を出して確認させると効果的です。私は次のようなパターンで確認させています。

①全員起立

②書かれていることを3回読む

・最初は前を向いて読む，次は右，最後は後ろ（方向を変えることで，見ないで読むことになる）

③3回読んだら座る

④座ったら全員が読み終わるまで目をつぶって唱え続ける

道具の使い方の確認（②）

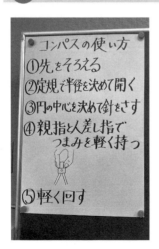

　道具の使い方を掲示物にまとめておきます。

　学習が始まった時に，「①用語・公式・図や表などの確認」の時と同じようなパターンで読むと効率よく振り返ることができます。また，「隣同士で使い方を確認します。ジャンケンで勝った方から，説明しましょう」と，ペアで使い方を確認し合うことも有効です。わからない場合は，隣同士で掲示物を使い，教えてもらうことができます。

➗ フラッシュカード（③）

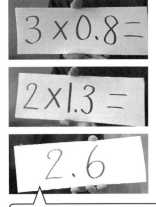

$3 \times 0.8 =$

$2 \times 1.3 =$

2.6

裏に答えが書いてあります。

フラッシュカードを使うと，前時までに学習した計算を短時間で効率よく振り返ることができます。フラッシュカードを使って既習の内容と本時の学習をつなげるために，本時の学習内容をフラッシュカードに混ぜます。フラッシュカードを使ってテンポよく振り返っている中で本時の学習と出会うと，本時の学習は未習なので，つまずく子が出てきます。つまずいた理由を考えることで，本時の学習へとつなげることができます。

➗ ノートや教科書を読む

　時間がない時や準備ができていない時は，ノートや教科書を読むだけでも効果的です。
　ノートを読ませる時は，起立をさせて
「学習問題とまとめを3回読んだら座りましょう」
　教科書を読ませる時は，起立をさせて
「○ページのまとめの部分を3回読んだら座りましょう」
と言って読ませています。

　早く読み終わった子は，ボーッとしているのではなく，座ってからも同じところを読み続けます。そうすることで，自分の学力向上だけでなく，読むのが遅くて立っている子へのプレッシャーを和らげることができます。

02

既習との違いを明確にする 「素材提示」

素材提示の仕方を工夫し，既習との違いを明確にして本時につなげることで，連続した学びで解決方法を導くことができます。

既習との違いを明確にする手順

本時の素材を提示して，導入する時の手順は，

①学習素材の提示
②学習素材の分析
③既習との違いの明確化

です。

素材提示のゴールは，「③既習との違いの明確化」です。既習との違いを明確化することで，次のめあてづくりにつなげることができます。既習との違いを明確にするために大切なのは，「②学習素材の分析」です。前時までの学習との違いを明確にし，学級全体で共通理解を図ります。②③で成果をあげるために，子どもに興味・関心やイメージを持たせることのできる「①学習素材の提示」を工夫していきます。

学習素材は，基本的に教科書に記されているものを使います。
「教科書を使うことはよくないこと」
というイメージがどうしてもあります。しかし教科書は，学習者のためによく考えられています。ですので，基本的には教科書の素材や数値を使うようにします。実態によって，問題文の文章や数値が子どもに受け入れられないと考えられる場合があります。その場合は，問題文を変えたり数値を変えたりして，目の前の子どもに合わせ，少しアレンジして提示します。教科書の文章が理解しにくい場合は，数値だけ使って問題提示することもあります。

とはいえ，オリジナルの学習素材を使いたい時もあります。その時は，身につけさせたい力やその数値が使われている理由など，教科書をよく吟味することが大切です。

➗ 学習素材の提示（①）

　素材提示をする時のポイントは，
・興味・関心を持たせること
・イメージをつかませること
・簡単なつまずきをさせること
です。興味・関心を持たせ，場面のイメージをつかませながら，簡単なつまずきを与えます。簡単なつまずきは未習からくるものなので，つまずきが前回までとの違いになり，本時の学習になります。

　気をつけたいのは，「興味・関心を持たせること」に力を注ぎすぎることです。力を注ぎすぎてしまうと，素材提示に授業のピークがきてしまい，その後の展開が尻すぼみになってしまいます。あくまでも，本時の学習につなげるための素材提示にしていきます。

○問題文を読む

　「問題文を読むだけの素材提示なんていいの？」
と思う方もいらっしゃると思います。私もそうでした。しかし，問題文を正しく読めずに学習につまずいている子もたくさんいます。ですので，問題文を正しく読めるようになることはとても大切です。子どもが正しく問題文を読めるようになるために，次のような手立てを取っています。
①教師がキリのいいところまで読む→子どもが同じところを読む
②続きから始め，①を繰り返す
③全文読み終わったら子どもだけで通し読みをする

　③まで終わったら，列ごとや１人ずつなど正しく読めるか確認することもあります。読むのに慣れてきたら，通し読みだけをするようにします。声を出して問題文を読ませることを繰り返すことで，問題文を正しく読めるようになります。

○絵図での提示

　問題文の場面をイメージしやすいように，教科書と同じ挿絵を黒板に描いたり，挿絵に動きをつけたりして素材の提示をします。問題文を読んでも理解できない場合や，文章を読むのに慣れていない場合に有効です。

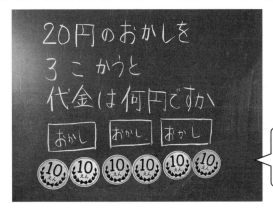

○具体物・半具体物による提示

　いちごやあめなどの具体物を用意して子どもに興味・関心を持たせたり，リットルマスや1cm³の立方体のように量感を持たせるための半具体物を用意してイメージを持たせたりします。

○フラッシュカード

　フラッシュカードに本時の課題を混ぜておきます。テンポよく既習の復習をする中に未習である本時の課題があると，子どもたちはつまずきます。つまずくことで，既習との違いを明確にすることができます。

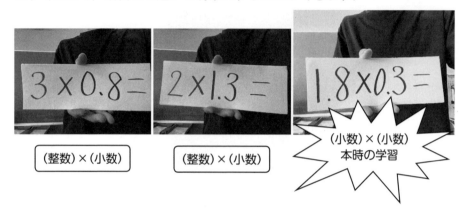

（整数）×（小数）　　　（整数）×（小数）　　　（小数）×（小数）
本時の学習

○劇

　教科書の場面を再現したり，問題にオリジナルのストーリーをつけたりして劇で素材提示をします。興味・関心を持たせたり，イメージをつかませたりするのに有効です。特別な小道具や衣装を用意せずとも，ちょこっと演技をするだけでも効果的です。時間がかかりすぎないように気をつけましょう。

先生は，家の壁にペンキを塗るようにお願いされました。でも，足りるかわかりません。

学習素材の分析（②）

出された学習素材を次の項目で分析します。

①わかっていること　②聞いていること　③何算か

④その理由　⑤今までと違うところ

少し時間をかけ，学級全体でこの5つの項目で学習素材を分析して共通理解をすることで，1時間の学習がスムーズになります。

下のようなカードを使って1枚ずつ黒板に貼りながら確認することで，スムーズに分析ができます。

0.7mの重さが1.05kgの鉄のぼうがあります。この鉄のぼう1m分の重さは何kgですか。

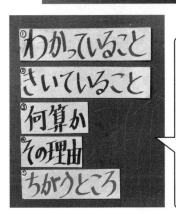

T「わかっていることは？」
C「0.7mの重さが1.05kg です」
T「聞いていることは？」
C「1m分の重さです」
T「何算ですか？」
C「わり算です」
T「理由はなんですか？」
C「1m分の重さを聞いているからです」
T「今までと違うところはなんですか？」
C「わる数が小数になっています」

既習との違いの明確化（③）

上記の「⑤今までと違うところ」が，既習との違いです。ここを明確にし，学級全体で共通理解をして本時のめあてにつなげます。

本時の学習の軸となる「めあて」

POINT

　学習のめあては，前述した「活動タイプ・確認タイプ・思考タイプ」の3タイプを意識してつくります。子どもの言葉を引き出しながらつくることで，めあてが子どものものになります。

本時の学習の軸となる「めあて」

　めあてをつくることに関しては，賛成派と否定派が存在し，議論されています。私が参加したことのある学習会では，子どもの自由な発想を奪いかねないということで，めあての否定派が多いように感じました。一方，私の勤務する地域では，学習の軸をつくるために教育委員会がめあてづくりを推奨し，賛成派の意見が多いように感じます。

　否定派のご意見もよく理解できます。しかし，私の勤務する地域において，「めあてづくり」は強く推奨されているので，めあてづくりを取り入れることは必須です。また，私自身が子どもと一緒に「めあてづくり」をすることで本時の学習の軸ができるので，ブレない授業づくりにつながり，よいものだと感じています。

　これらの理由から，本書では，「めあてづくり賛成派」の立場で話を進めていきます。

3タイプ別のめあて

　授業には3タイプあると前述いたしました。その3タイプを使い分け，学習内容を明確にしてめあてをつくります。次のように言葉を使い分けると，タイプ別にめあてをつくることができます。

・活動タイプ「～をしよう」
・確認タイプ「～にはどのような特徴（特色）があるのだろうか」
・思考タイプ「～はどのように求めるのだろうか」
　　　　　　「なぜ，～なのだろうか」

➗ 3タイプの使い分け

私の場合，次のようにして3タイプを使い分けています。

○活動タイプ
　・計算練習をする
　・図形の描き方の練習をする　　　　　など
○確認タイプ
　・図形の特徴を捉える
　・図や表の特徴を捉える　　　　　　　など
○思考タイプ
　・未習の課題の解決の仕方を考える
　・よりよい解決の仕方を考える　　　　など

　学習の特性に合わせてめあてをつくることで，1時間の子どもの学習活動が充実します。3タイプありますが，私は基本的に**「思考タイプ」**のめあてを使って算数の授業づくりをしています。

➗ 子どもの言葉でめあてをつくる

　子どもの言葉でめあてをつくる上で大切なポイントは3つです。
①前時までとの違いを明確にする
②既習とのつながりを捉えさせる
③タイプ別の言葉を使わせる

　例えば，5年生の小数のわり算の学習で思考タイプのめあてをつくる場合，私は次のような手順で学習のめあてをつくります。

○問題

0.7mの重さが1.05kgの鉄のぼうがあります。この鉄のぼう1m分の重さは何kgですか。

　　前時の（小数）÷（整数）の違いと明確にしながら，前項に示した方法で学習素材の分析をします。すると，以下のようになります。

①わかっていること　→「0.7mの重さが1.05kg」

②聞いていること　　→「1m分の重さ」

③何算か　　　　　　→「わり算」

④その理由　　　　　→「1m分の重さを聞いているから」

⑤今までと違うところ→「わる数が小数」

　　この時，「⑤今までと違うところ」を使い，次のような手立てで子どもの言葉を引き出して学習問題をつくります。

　　T「今までと違うところは？」

　　C「わる数が小数になるところです」

　　T「『どのように』という言葉を使ってめあてをつくりましょう」

　　C「わる数が小数のわり算はどのように計算するのだろう」

わる数が小数のわり算はどのように計算するのだろう

　　このように

「今までと違うところは？」「『どのように』という言葉を使って～」

という2つの声かけを使って，子どもから言葉を引き出してめあてをつくります。慣れてくると，「今日のめあては？」と聞いただけで，子どもがめあてをつくれるようになります。

04

学習の解決につながる
「見通し」

POINT

　ほとんどの場合，本時の学習素材は子どもにとって未習のものです。ですので，提示されただけでは解決することはできません。そこで，解決のための見通しを持たせてから課題に取り組ませます。

「見通し」の3種類

　学習の見通しは，これまでの単元の学習の取り組み方や学習内容などを踏まえて次の3種類を使い分けています。

・**既習内容の確認**
・**数学的な見方・考え方の確認**
・**学習の取り組み方の確認**

　例えば「既習内容」は，解決の手立てとするために確認します。「数学的な見方・考え方」は，数学的な思考をする手立てとするために確認します。「学習の取り組み方」は，学習をスムーズに進めるために確認します。

　目的に合わせて見通しを使い分けたり，組み合わせたりすることで1時間の学習を充実させたり速やかに進行させたりできるようになります。

既習内容の確認

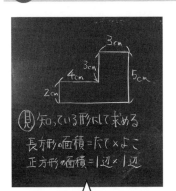

工夫して知っている形にして，面積を求めよう。

　算数では，既習内容を使って未習の学習に取り組みます。そこで，問題に取り組む前に，掲示物や教科書，ノートを使って解決の手立てとするために確認します。

　例えば4年生のL字型の面積を求める学習なら，「知っている形にして求める」という見通しを持ち，長方形や正方形の面積の求め方を確認します。

数学的な見方・考え方の確認

「数学的な見方・考え方」は，数学的な思考をするための手立てとして，掲示物や教科書，ノートを使って確認します。例えば6年生の樹形図を使う学習では，掲示物を使って，

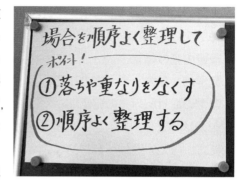

T「何に気をつけて樹形図を書きますか？」

C「落ちや重なりがないように気をつけます」

のようなやりとりをして，数学的な見方・考え方について確認します。

数学的な見方・考え方を見通しで確認することで，数学的な思考の軸がブレずに学習を進めることができます。

学習の取り組み方の確認

「学習の取り組み方」は，学習をスムーズに進めるために確認します。例えば，

①問題を解く

②考え方をノートに書く

③隣同士で発表の練習をする

④発表をする

のように書くことで，子どもはスムーズに学習に取り組むことができます。私は左の図のように，「活動カード」という，ボール紙に番号を書き，裏にマグネットを貼ったカードを使い，短い時間でわかりやすく確認できるように心がけています。

学習の取り組み方の選択

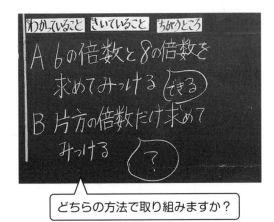

どちらの方法で取り組みますか？

　学習を進める際，見通しで2種類の方法が出されることがあります。その時は，「どちらの方法で取り組みますか？」と質問をして答えてもらい，学習の取り組み方を選択させることが有効です。

どのくらい見通せばいい？

　見通しは，持たせすぎれば子どもの思考を奪ってしまいます。逆に，全く持たせなければ思考ができません。見通しを持たせる具合が重要となってきます。見通しの持たせ具合は，学級の実態によって変わってくるので，日々の授業を通してつかんでいきます。

　また，子どもごとの学習の理解に合わせた見通しの持たせ方もあります。私は，簡単な見通しを全体で共有した後，「わからない人は黒板の前に集まりましょう」と声をかけて，悩んでいる子だけを集め，より詳しく見通しを持たせることもあります。

05

本時の課題と向き合う「自力解決」

教師側
・時間の確保

子ども側
・考え方の説明
・他の解決方法
※ここで全員理解
していなくてもよい

POINT

　①復習，②素材提示，③めあてづくり，④見通しの手順を踏んで，いよいよ自力解決です。自力解決は，問題を解決するだけでなく，個人の思考を深める時間にもなります。

自力解決で心がけること

　私が自力解決で心がけていることは次の3つです。

①自力解決の時間をしっかりと確保すること
②答えだけでなく，思考の過程を大切にすること
③自力解決で全員できなくてもよしとすること

　私が若手の頃，自力解決では「できない子」ばかり気になり，できている子を置き去りにして，できない子の個別指導に授業時間の大半を使っていました。大切なことは，自力解決の時間に課題ができたかどうかではなく，**「1時間で学習を理解できたか」**です。子どもによって理解するタイミングは変わってきます。ですので，自力解決で全員ができていなくともよしとします。また，すぐに解決できた子は，自分の考えと向き合うようにさせています。

自力解決の時間をしっかりと確保する

　私が若手の頃は個別指導に時間を取られるだけでなく，復習や導入にも時間をかけすぎてしまい，自力解決の時間を確保することがあまりできませんでした。自力解決の時間を確保することは難しいものです。

　そんな私はある年，授業研の講師の方から自力解決が始まるまでの時間の目安は，**授業開始から7分後**とご指導をいただきました。
　確かに7分間を意識して復習から自力解決までテンポよく展開することで，自力解決の時間を確保することができ，じっくりと自分の考えと向き合えるようになったと感じます。

✚ 自力解決で取り組むこと

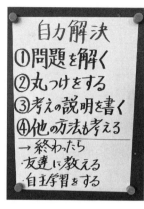

　　自力解決では，ただ答えを出せればいいという
ものではなく，**自分の考えとじっくりと向き合う
こと**を大切にしています。そのために次のように
取り組ませています。

①問題を解く

②丸つけをする

③考えの説明を書く

④他の方法も考える

　学習に慣れないうちは上のような掲示物を使い意識づけさせています。年
間を通して使ってもいいですし，慣れたら外してもいいと思います。

✚ 早く終わってしまう子への対応

　自力解決の時間で悩ましいのは，早く終わってしまう子がいるということ
です。「早く終わってしまう子の課題を用意する」という手立てもあります
が，私はあまり用意しません。私がしている手立ては次の３つです。

①自分で課題を用意させる

②発表の仕方を考えさせる

③つまずいている子に教える

　大切なことは，能力が高いということではなく，**能力の使い方**です。自分
の能力が高いのなら，さらに伸ばすために自分で学習させます。ドリルでも
いいですし，家庭から持ってきてもらってもいいと思います。その単元の学
習でなくてもいいでしょう。また，自分の能力を人の役に立たせる心を育て
ることも大切です。ですので，課題が早く終わった子は，友達にわかりやす
く考えを伝えたり，優しく丸つけをしたりする時間にさせています。

➗ 個別最適な学びにつながる自力解決

　自力解決の時間は，個別最適な学びにつなげることができます。個別最適な学びは，「指導の個別化」と「学習の個性化」に整理されていて，児童生徒が自己調整をしながら学習を進めていくという方法です。

　指導の個別化は，一定の目標を全ての児童生徒が達成することを目指し，個々の児童生徒に応じて異なる方法等で学習を進めることです。

　学習の個性化は，個々の児童生徒の興味・関心等に応じた異なる目標に向けて，学習を深め，広げることを意味し，その中で児童生徒自身が自らどのような方向性で学習を進めていったらよいか考えていきます。

　自力解決では特に，「指導の個別化」が実現できると考えます。

　学習のめあてを全体で確認し，その達成をするために，その子自身に学習の取り組み方を選択させます。

　例えば，
・今までのノートを振り返る
・教科書を参考にする
・教師に質問する
・友達に解決方法を聞く
・デジタル教科書で解説を聞く
・動画サイトで解説を聞く
など，さまざまな取り組み方が考えられます。多様な学習の取り組み方から，その子に合った方法を選択させることで，その子の特性に合った学びをすることができます。

【参考文献】
加固希支男著『「個別最適な学び」を実現する算数授業のつくり方』明治図書

06

考えを広げ・深めるための「対話的活動」

・ペア

・ミニ先生

・グループ

・全体　　　など

※その時に合った
　方法を選択する

POINT

　算数の答えは基本的に１つです。しかし，その解決方法は１つだけではありません。対話的活動を通していろいろな考え方に触れることで，「考えを広げ・深める」ことができます。

考えを広げ・深めるための「対話的活動」

「対話的な学び」「比較検討」「協働学習」「話し合い」など，子どもたちの活動に対する呼び方がたくさんあります。活動の名前に対する読者の方々のいろいろな考えがあると思いますので，本書では，それらのどれにも当てはまるように，**対話的活動**という言葉を使うことにしました。対話的活動という言葉を読者のみなさんの使いやすい言葉に変換して読んでいただけたらありがたいです。

対話的活動には，次のようなものがあります。

○子ども同士の対話的活動

　・ペア　・ミニ先生　・グループ　・全体　　　など

○子どもと教師の対話的活動

　・机間指導　・一斉指導　　　　　　　　　　　など

あれもこれも全て取り入れるのではなく，学習の展開に合わせて，その時に合った方法を選択することが大切です。

対話的活動の目的

私が若手の頃は，話し合いが「盛り上がる」ことや「上手に発表する」ということを大切にしていました。しかしそれでは，**活動あって学びなし**と言われる学習にしかなっていなかったように感じます。

小学校学習指導要領解説総則編及び中学校学習指導要領解説総則編では，対話的な学びについて**「自己の考えを広げ深める『対話的な学び』」**と定義されています。ですので，自己の考えを広げ深めるための活動になるように心がけています。具体的な対話的活動の仕方はp.78～p.105で，学習指導要領に関しては，p.127で詳しく説明させていただきましたので，ぜひそちらもお読みください。

07

学びの確かめをする
「適用問題」

学習素材を少し変え、
　　　学びの確かめをする

POINT

　本時の学習素材を使って学習の理解につながりました。適用問題は,その理解が数値を少し変えた場合でも使えるか確かめ,理解を深めるための問題です。学習の定着を目的とする練習問題とは役割が違います。

適用問題の役割

対話的活動後に，数値を少し変えるなどをした，本時の学習と似たような問題に取り組み，学習の確かめをします。本書では，その問題を「適用問題」と呼ぶことにします。

「適用問題」は，式の数値や図形の形が違っても解決方法は変わらないことを確かめるために取り組ませていきます。私の場合，多くは教科書の問題を使います。しかし，教科書の問題が実態と合わない時は，教師自身で学習素材の数値や形を変えて出題するようにしています。

「適用問題」に似た言葉で，「適応問題」「練習問題」という言葉があります。「大辞林　第三版」（三省堂）によると，「適用」「適応」「練習」には，それぞれ次のような意味があります。

> 適用…法律・規則・原理などをあてはめて用いること。
> 適応…ある状況に合うこと。また，環境に合うように行動の仕方や考え方を変えること。
> 練習…技能・芸事などが上達するように同じことを繰り返しならうこと。

文字として似ているのが「適用」と「適応」です。規則に当てはめるのが「適用」で，状況に合わせるために考え方を変えるのが「適応」です。対話的活動の後の問題は，対話的活動で導き出した規則が他の場合で使えるか確かめるために問題を解きます。ですから，適応問題ではなく，「適用問題」という言葉を使っています。

一方，まとめの後の問題を解く活動は，学習の定着が目的です。ですから，「練習問題」という言葉を使っています。

08

1時間の学級としての学びの「まとめ」

1時間を振り返って

算数授業の流れ

①復習
②素材提示
③めあてづくり
④見通し
⑤自力解決
⑥対話的活動
⑦適用問題

子どもの言葉を引き出して

POINT

　1時間の学習を振り返り，学級全体の学びとして「まとめ」をします。学びを振り返りながら，子どもの言葉を引き出してまとめることが大切です。

まとめの役割

①復習〜⑦適用問題までの過程を通して，学習を進めてきました。ここまでの過程を通して，子どもは本時の学習をある程度理解したことでしょう。しかしその理解は，はっきりとしたものではなく，あいまいなものです。

そこで，まとめをします。まとめをすることで，1時間の学習を振り返り，子どもたちの言葉で短くまとめることによって，**1時間の学習の理解をはっきりとしたもの**にできます。

学習のまとめ方

めあてや板書，掲示物などを使いながら次の3ステップで1時間の学習を振り返り，あいまいな状態の理解をはっきりとした理解にしていきます。

①「今日の学習のめあてを確認しましょう」と，めあてを確認する
②「どんなことを学んだの？」と，板書や掲示物から学びのキーワードを確認する
③「学習のまとめをしましょう」と，子どもの言葉でまとめる

個人のまとめか学級のまとめか

私は，**学級全体の学び**として「まとめ」をしています。学級全体でつくっためあてに対する学習のまとめだからです。しかし，地域や団体によっては**個人としてのまとめ**を大切にしていることもあると思います。どちらの考え方が正しいかではなく，ご自身の置かれた状況で子どもへの最善の学びをすることが大切だと考えます。

私の場合，個人としてのまとめは，p.54〜p.58に方法を紹介している「⑩振り返り」で取り組んでいます。

09

学習内容を定着させる「練習問題」

学習内容の定着

・繰り返し問題を解く
・間違えたらできるまで
・わからない事は聞く

POINT

　「⑧まとめ」までの過程は学習の理解が目的です。練習問題では理解した学習内容の定着が目的です。理解を深めることが目的の適用問題とは役割が違います。

学習の定着をさせるためにすること

学習の定着をさせるためにすることが
・問題の数をこなすこと
・応用問題に挑戦すること
・問題づくりをすること
です。

そのためにドリルや教科書を使って練習問題に取り組みます。問題の取り組み方は，p.114〜p.115で紹介している自分で自分の学力を高めることのできる「学びの5ステップ」をおすすめしています。また，教科書の問題の数値を変えたり，自分の身の回りと学習を結びつけたりする問題づくりもおすすめです。

早く終わってしまう子には…

練習問題では，早く終わってしまう子がいます。その子のためにどのような手立てを取るでしょうか？
①早く終わる子の問題を用意する
②提示した以外の学習に取り組ませる
③家庭から課題を持ってきてもらう
④学習の苦手な子のサポートをしてもらう

よくいわれるのが①の手立てです。しかし私はあまりこの手立てに取り組みません。①の手立てだと，**学習は与えられるもの**という認識を与えてしまうからです。ですから，早く終わった子には「この後どうする？」と尋ね，②や③を提案しながら，取り組む学習を一緒に考えます。

また，④も大切にしています。自分の課題を早く終わらせられる素晴らしい力を人の役に立たせるために使えるようになってほしいからです。具体的な取り組み方は，p.86〜p.89の「ミニ先生」で紹介しています。

10

学級全体の学びを個に返す「振り返り」

 振り返りの型

① いつ
② 誰が
③ 何を言ったか
④ わかったこと

POINT

　1時間の学習では「個→集団→全体」の順で学んできました。振り返りをすることで，「個→集団→全体→個」となり，学びを個に返すことができます。

学級全体の学びを個に返す「振り返り」

　平成29年に告示された学習指導要領により，**学習の過程と成果を振り返ること**が重視されました。振り返りをすることで学習を客観的に捉えて，自分の学びとして落とし込み，成長につなげることができます。

　振り返りと似た活動に，「反省」や「感想」があります。振り返りを学習活動として充実させるために，これらの言葉との違いを明確にしていきます。それぞれを「大辞林　第三版」（三省堂）で調べると，下記とありました。

反省…振り返って考えること。過去の自分の言動やあり方に間違いがな
　　　かったかどうかよく考えること。
感想…あることについて，感じたり思ったりしたこと。所感。感懐。

　ちなみに「振り返り」という言葉は辞書には載っていませんでした。
　「振り返り」と「反省」を比べると，言葉としてはとても似ています。しかし，言葉のイメージとして，反省の方は課題点を取り上げるイメージがどうしても強くなってしまいます。

　成長につなげるためには，学習の成果点も課題点も大切ですので，「反省」よりも「振り返り」という言葉が適しています。

　授業でよく取り上げられるのが「感想」です。私は若手の頃はよく授業の感想を書かせていました。しかし，「楽しかった」「つまらなかった」などの感想が多く，学びにつなげられるものが多くなかったように感じます。やはり，「感想」よりも「振り返り」の方が学びにつながり，成長につなげられるでしょう。

　言葉の意味や経験からも平成29年に告示された学習指導要領で示された「振り返り」はとても効果的だと感じています。

振り返りの仕方

　振り返りは大切とされながらも，振り返りの仕方は明確にされてはいません。授業者の指導の方針や方法，子どもの自由な発想を大切にするためにもあえて「型」は示していないのだと思います。しかし私の場合，自由に振り返りをさせても充実させることはできませんでした。そこで，ある程度の「型」を与えることにしています。試行錯誤した結果，次の2つが振り返りの「型」として成果があがったように感じます。

Ａ…①いつ　②誰が　③何を言ったか　④わかったこと
Ｂ…①今までは　②わかったこと　③これからは

　いつでも振り返りの型を確認できるよう，教室に，右のような掲示物を掲示しています。授業者がＡとＢを指定して書かせたり，子どもに選択させたり，ＡとＢをかけ合わせて取り組ませたりしています。慣れてくると，この型から離れ，自由な振り返りができるようになってきます。

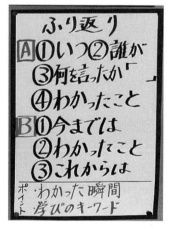

　与えられた型があるからこそ，子どもの自由な発想につながると感じています。

　この「型」でなくともいいと思います。ただ，**授業者の考えるよい振り返りがどのようなものであるかは明確にしなければなりません。**偶発的に子どもから出てくる振り返りではなく，子どもを成長に導くための振り返りにするために，授業者が子どもを鍛える視点も大切です。

Aの振り返りの例

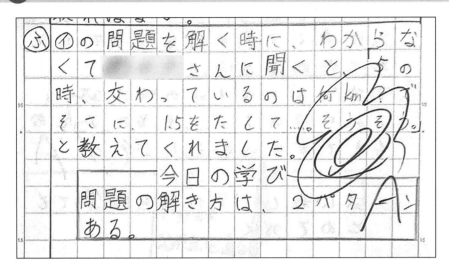

ふ ①の問題を解く時に、わからなくて○○さんに聞くと、「5」の時、交わっているのは何km？そこに、1.5をたして、と教えてくれました。
今日の学び
問題の解き方は、2パターンある。

Bの振り返りの例

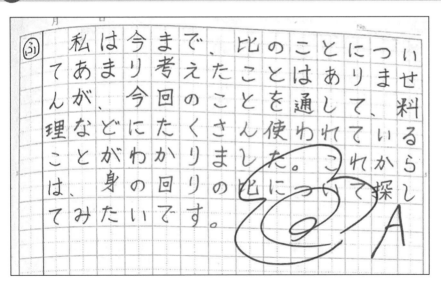

ふ 私は今まで、比のことについてあまり考えたことはありませんが、今回のことを通して、料理などにたくさん使われていることがわかりました。これからは、身の回りの比について探してみたいです。

振り返りが書けるようになるための手立て

このような手立てをご紹介すると，悲しいことに「うちのクラスではできない」「低学年では無理だ」と言われてしまいます。もちろん，最初はどのクラスもすぐにはできません。私の学級も一緒です。ですので，少しずつできるようになるために積み重ね実践していきます。

実践の手順としては，

① 型を示す

② 数人書ける子がいる

③ ノートにＡの評価をつける

④ Ａ評価のついた振り返りを紹介する

⑤ 書ける子が増えることを喜ぶ

のようになります。

①〜③は，授業の終わり5分前に振り返りを書かせます。終わった子から提出してもらい，全ての子に花丸とよかった子にＡの評価をつけます。花丸とＡの評価だけなので，ほんの数分で終わらせることができます。

④は，振り返りを評価していると，「この形で振り返りを書いてもらいたい！」というものが必ず出てきます。その振り返りを書いた子に，「この振り返りをみんなに紹介してもいいかな？」と聞いて許可を取り，印刷して配ったり，タブレットで画像を共有したりして，全体に紹介します。

①〜④を続けていくと必ず振り返りの内容が充実してきます。そこで，⑤の振り返りを書ける子が増えることを喜びます。①〜⑤を続けることで，学級の多くの子が振り返りを書けるようになります。

とはいえ，全ての子が書けるようになるわけではありませんし，学級の実態によっては合わないことがあります。目の前の子に合わせて，振り返りの仕方を提供することが大切だと考えます。

第3章

腕をあげる
「算数」授業研究

「板書」の役割

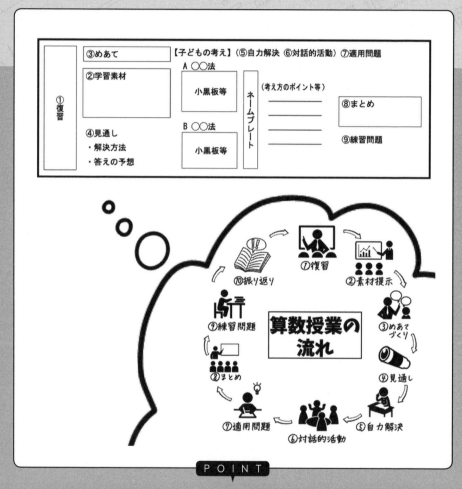

板書の役割

　板書には，

①**授業の流れがひと目で把握できる「記録」**

②**子どもから出た考えの「整理」**

③**子ども同士，子どもと教師の考えの「交流」**

という役割があると考えます。この役割を意識して授業の中で板書をすることで，より成果のあがる授業につながります。

板書の書き方

　算数は，授業の流れがある程度決まっているので板書の再現がしやすいです。私の場合は，左ページのテンプレートのような板書を再現するために，黒板に書く位置を決めるためのシールを貼っています。

　また，吹き出しを使うことで，子どもの考えを生かしながら授業展開をすることができます。

【参考文献】亀岡正睦編著『算数科：言語力・表現力を育てる「ふきだし法」の実践』明治図書

板
書

学習のヒントとなる「復習」の位置

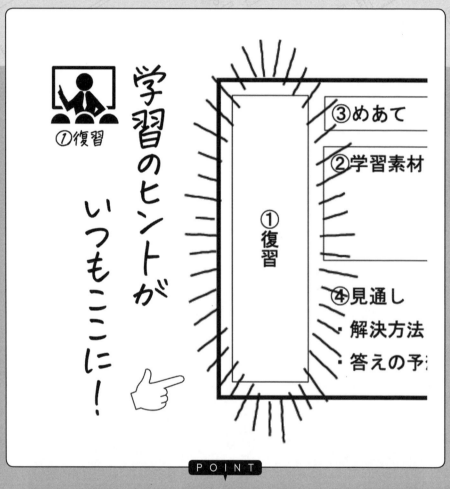

算数は，既習の内容を結びつけて学習を進めるという特徴があります。本時の学習を解決するヒントとして，黒板の左端に復習した既習の内容をいつでも振り返れるようにします。

既習の内容を黒板の左端に残す理由

　算数は基本的に横書きで板書をします。横書きの板書の場合，時系列として左から右に進んでいきます。また，横書きの文字を読むということで目の動きも左から右に動きます。黒板の左端は，目の動きとして最初に目につきやすい部分になります。

　子どもには悩んだ時にはいつも黒板の左端を見て，既習の内容を振り返るように共通理解をしています。

　黒板の左端に既習の内容である復習を置いておくことで，いつでも学習を振り返ることができます。

掲示物

　復習には，掲示物が効果的だと感じています。理由は次の3つです。
①視覚的に認識しやすい
②取り外しが容易である
③付け足しながら作成できる

　①に関しては，黒板の中にある模造紙は目立ちます。また，模造紙の中でポイントを色別におさえたり，絵や図・表を使ったりできるので視覚的に認識しやすいです。

　②に関しては，磁石を使えば授業が始まる前に付け，終わったら外せます。既習の内容を手軽に保管し，授業で扱うことができます。

　③は，一度に全部を書いて完成させ

板書

るのではなく，授業の進度に合わせて少しずつ書き足しながら作成していきます。私は，授業の最後の振り返りや練習問題中の教師が少し手の空く時間を使って書いているので，負担感は小さいです。

　掲示物は，模造紙を縦半分にした縦長サイズで作っています。一番上のタイトルを赤，使う言葉を青，ポイントは赤，注釈は緑で書いています。模造紙以外にも，文章量によっては四つ切り画用紙を縦にしたり，八つ切り画用紙を横にしたりして掲示物にすることもあります。

> 授業中に子どもと確認しながら書くと，
> 時短にも学習の理解にもつながります。

➕➖✖➗ フラッシュカード

　復習で使ったフラッシュカードを黒板に貼って掲示しておきます。その際，

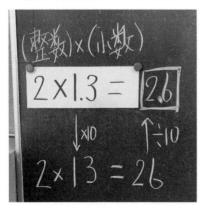

フラッシュカードだけでは伝わらないポイントを本時の学習とつながるように板書します。

　私の場合は，黄色で書くようにしています。

➗ 具体物・半具体物

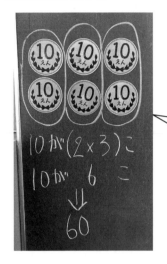

いちごやりんご，お金などの具体物やブロックなどの半具体物を貼ります。

本時の内容とつながる既習の内容となるよう，ヒントとなるキーワードを黄色の文字で書きます。

> 丸で囲みながら子どもと確認すると効果的です。

➗ 簡単なメモ書き

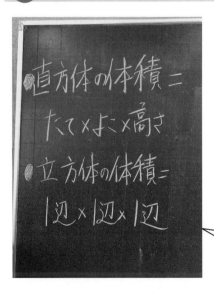

教科書やノートを振り返り，本時の学習につながる既習の内容を復習しながら，黄色の文字で板書します。ちょっとした一手間ですが，本時の学習に大きく影響します。

授業準備に時間が取れなかった時に有効です。

板書

> ちょっとした手立てですが，書いておくといつでも振り返れて便利です。

本時の学習を捉える「学習素材」の分析

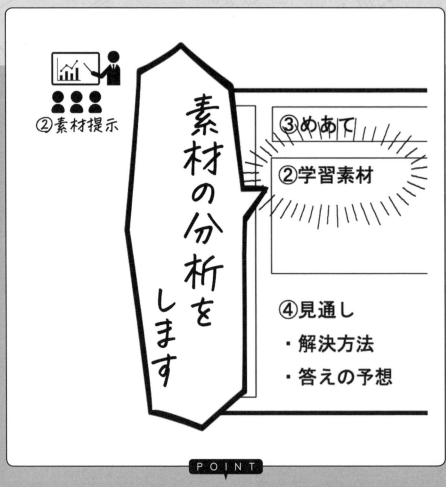

②素材提示

素材の分析をします

③めあて

②学習素材

④見通し
・解決方法
・答えの予想

POINT

　本時の内容は，ここからスタートします。学習素材を分析し，既習との違いを明確にして表記することで，子どもはどのような学習をするのか理解しながら学習に参加できます。

学習素材の書き方

　学習素材である問題文は長いので，最後まで一気に黒板に書くのではなく，次のように短い机間指導を取り入れながら書いています。

①声を出しながら途中まで板書する

②書いているか簡単に見回る→「速い！」「丁寧！」など声かけをする

③また途中まで声を出しながら板書する

④書いているか簡単に見回る→「速い！」「丁寧！」など声かけをする

⑤①～④を繰り返す

　問題文が長かったり，絵や図・表などを使ったりする時は模造紙や拡大機の印刷であらかじめ用意しておく方法もあります。

前時までとの違いを明確にする

　p.33の方法で黒板を使いながら素材の分析をし，板書で前時との違いを明確にします。私は，子どもたちと一緒に学習素材の分析をしたら，既習との違いを黄色で板書するようにしています。

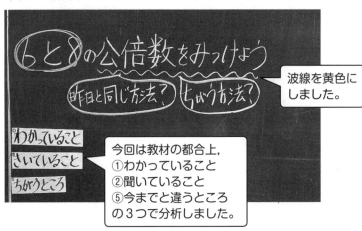

波線を黄色にしました。

今回は教材の都合上，
①わかっていること
②聞いていること
⑤今までと違うところ
の３つで分析しました。

板

書

本時の学習を明確にする 「めあて」 の場所

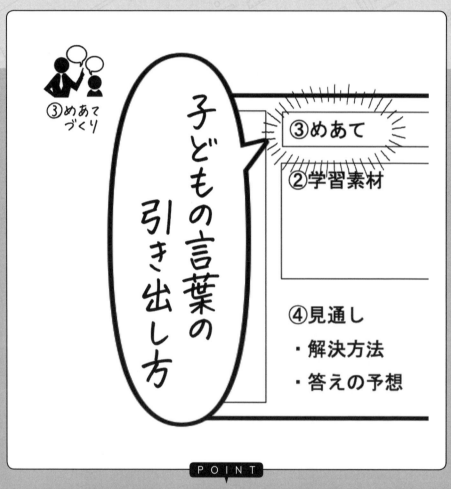

POINT

　学習のめあては，本時の学習を明確にするものです。子どもにめあて
の内容を落とし，いつでも振り返れるようにすることで筋の通った授業
になります。

めあてを書く場所

　めあてを書く場所は授業者のスタイルによって変わります。大きく分けて3か所あります。

A　黒板中央上
B　黒板左上（学習素材の上）
C　黒板左上（学習素材の下）

　A　黒板中央上では，黒板の真ん中にめあてが書いてあるので，どのような授業をしているかひと目で理解することができます。C　黒板左上（学習素材の下）は，時系列でめあてが書かれているので思考の流れがスムーズです。私の場合は，Bです。B　黒板左上（学習素材の上）は，授業の流れの中で目立つところに書くことができ，子どもはノートを取りやすくなります。また，私の地域では，めあては青四角で囲んでいます。地域によっては赤の地域もあります。ご自身や地域などに合った方法を選ぶといいと思います。

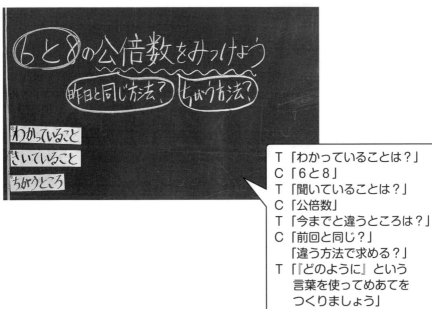

T「わかっていることは？」
C「6と8」
T「聞いていることは？」
C「公倍数」
T「今までと違うところは？」
C「前回と同じ？」
　「違う方法で求める？」
T「『どのように』という
　言葉を使ってめあてを
　つくりましょう」

板
書

学習の解決につながる「見通し」の共有

既習の内容と結びつけ，本時の学習の解決につながる「見通し」です。板書を通して，学習の解決方法を共有します。

板書の書き方

　　見通しを書く時の手順は，

①学習の確認

②具体的な解決方法の共有

です。例えば公倍数を求める学習なら，

　　Ｔ「今日の学習は何だっけ？」

　　Ｃ「公倍数を求めます」

　　Ｔ「前回はどうやって見つけたんだっけ？」

　　Ｃ「両方の倍数を求めて見つけました！」

　　Ｔ「なるほど。他に方法はありそう？」

　　Ｃ「片方の倍数だけ求めても見つけられそう」

　　Ｔ「なるほど。他の人はどういうことかわかる？」

　　Ｃ「……？」

　　Ｔ「どうやら，２つ方法がありそうだね」

　　　「Ａの方でやる人？」（大勢）

　　　「Ｂの方でやる人？」（数人）

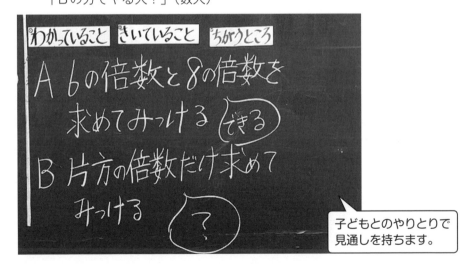

子どもとのやりとりで
見通しを持ちます。

板

書

思考を整理する「見える化」

⑥対話的活動

思考を整理する

【子どもの考え】（⑤自力解決⑥対話的活動）　⑦通

A ○○法

小黒板等

ネームプレート

（考え方のポイント等）

⑧[　]

B ○○法

小黒板等

⑨[　]

POINT

　　対話的活動を通して，考えを広げ・深めていきます。しかし対話的活動も考えも目に見えないものです。板書を通して見えないことを見える化することができます。

板書をする位置

　子どもの考えは本時の学習を理解するためのメインとなります。ですので，書く位置はズバリ，黒板の真ん中の一番目立つところに書きます。小黒板や画用紙を使ったり直接黒板に書いたりします。

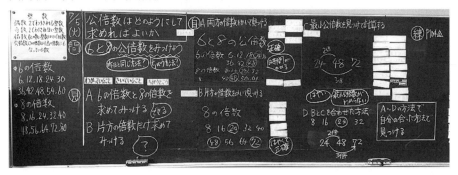

ナンバリング・ラベリング

　子どもから出てきた考えの整理をするためにナンバリング・ラベリングをします。

ナンバリング…それぞれの考えにアルファベットを振る。
　ナンバリングをすると，「Aの考えだと〜」「私はBがいいと思った」など，話し合いがスムーズになります。

ラベリング…それぞれの考えにタイトルをつける。
　ラベリングをするために話し合うことで考えが整理されたり，それぞれの考えを一般化したりできます。また，「最小公倍数を見つければ簡単」と，数学的な見方・考え方の視点を持てたりできます。

板
書

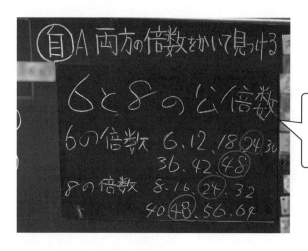

ナンバリングとラベリングをすることで，ひと目見て，どんな考えかわかります。

ネームプレート

　自分の考えの立場を明確にするためにネームプレートを使います。立場を明確にすることで，自分の考えに責任を持って学習に臨めます。発表を聞いて考えが変わったらネームプレートを動かします。

○変容前

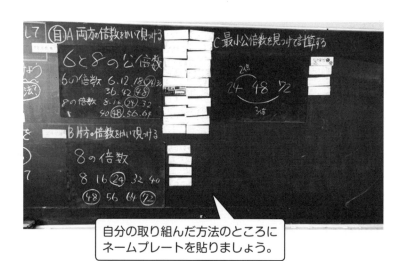

自分の取り組んだ方法のところにネームプレートを貼りましょう。

○変容後

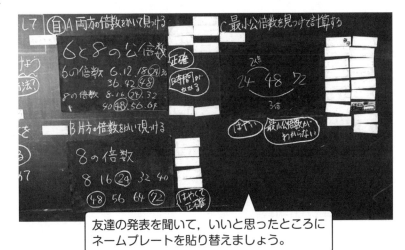

友達の発表を聞いて，いいと思ったところに
ネームプレートを貼り替えましょう。

吹き出しで子どものつぶやきを拾う

　なぜ意見を変えたか，子どものつぶやきを拾いながら吹き出しに書きます。
つぶやきを黒板に書き残すことで，子どもの考えを反映させながら授業の進
行をすることができます。

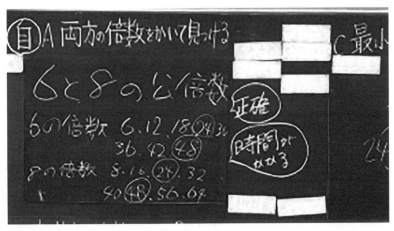

板

書

「まとめ」の書き方

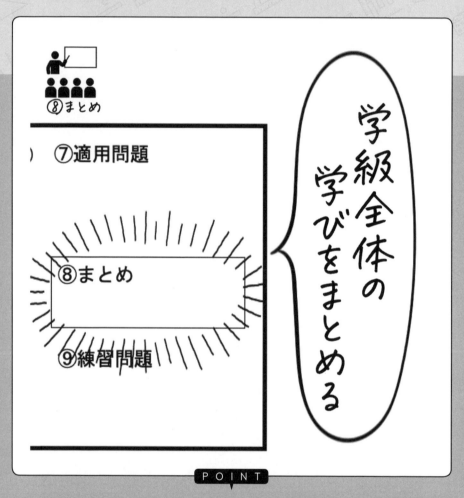

POINT

　まとめをすることで本時の学習したことが明確になります。めあてや板書に残された学習の足跡を振り返りながら，子どもの言葉でまとめます。

🔢 めあてと関連づける

　①復習〜⑦適用問題までの過程が終了して「まとめ」に入ります。その時，急にまとめるのではなく，「めあて」と関連づけることを大切にしています。私の場合，「今日はどんなめあてで学習していたんだっけ？」と言い，子どもにめあてを言ってもらうようにしています。このひと手間を加えることで，１時間の授業の流れに１本の筋が通ります。

🔢 板書に仕掛けをしておく

　①復習〜⑦適用問題までの過程で，まとめにつながるキーワードが出てくるはずです。私の場合，キーワードは黄色で板書しておきます。まとめをつくる際，「吹き出しの言葉や黄色で書かれた言葉を使いながらまとめましょう」と声をかけています。

一度めあてに立ち返ります。

板書

吹き出しや黄色で書かれた言葉を使ってまとめをつくります。

「対話的活動」の充実

対話的活動

子ども同士

ペア

ミニ先生

グループ

全体

子どもと教師

机間指導

一斉指導

POINT

　対話的活動は，子ども同士の協働や子どもと教師の対話，先哲の考え方を手掛かりに，考えを広げたり深めたりする活動です。

「対話的活動」の目的

対話的活動は，１時間の授業の中でも**自己の考えを広げ深める**ためのとても重要な活動です。対話的活動には，次のようなよさがあると考えます。

・**自分の知らない知識や考えを他者から学ぶことができる**
・**他者と知恵を出し合うことで新たな考えを生み出すことができる**
・**１人では解決できなかったことが力を合わせて解決できるようになる**

対話的活動は，人以外の動物にも，優秀なコンピュータにもすることができません。人だけがすることのできる対話的活動を通して，人と人とが磨き合える活動です。

「鍛える」という視点

学習会に参加したり，他の先生の授業を参観したりすると，活発的で素晴らしい対話的活動と出会うことがあります。そんな授業をしてみたい！と思う気持ちの反面，

「うちのクラスではできない」

という言葉を口にしたくもなります。私もそうです。私はそんな弱音を授業者にこぼしたことがあります。すると，

「うちのクラスだって最初はできなかったよ。でもね，４月から少しずつ少しずつ子どもたちを鍛えることで，ああいう授業ができるようになったんだよ」

と教えていただきました。どのクラスも４月の最初からすぐに素晴らしい対話的活動をすることはできません。だからこそ，自分の目指す授業を実現させるために４月から少しずつ鍛えるという考え方がとても大切です。

目の前の子どもの実態であきらめるのではなく，未来の成長した姿に向かって子どもたちを鍛えていきます。

対話的活動

🔷 理想の対話的活動への第一歩

　「うちのクラス，話し合いが上手くない」
という言葉をよく聞きます。では，どんな話し合いができたら上手い話し合いといえるのでしょうか？　その話し合いをどうしたら子どもたちはできるようになるのでしょうか？　私の場合，年度はじめに台本として理想の対話的活動を明示し，それを読むことから始めています。最初は読むだけですが，徐々に台本を減らすことで，理想の対話的活動へと鍛えていくことができます。

線対称の説明
①線対称な図形の説明をします
②この線を何と言いますか　ハイ
⇒対称の軸です
③点Aに対応する点はどれですか
⇒点Kです
④直線BCに対応する直線は〜
⇒直線JIです
⑤角Bに対応する──？
⇒角Jです
⑥このように，対称の軸で折た時ぴたり重なる図形を線対称な図形と言います。
⑦ありがとうございました⇒拍手

　台本にもあるように，私の理想とする対話的活動は，「やりとりのある対話的活動」です。話し手が「～ですよね」と呼びかけ，聞き手が「ハイ」と反応する対話的活動を理想としています。ですので，年度はじめは台本を使って「やりとりのある対話的活動」を体験し，そのよさを味わわせるようにしています。

　台本は私の個人的な実践の一例です。大切なことは授業者の理想とする対話的活動のゴール像を具体化し，それを実現させる手立てを打つことです。ぜひ，読者のみなさんに合った対話的活動のゴール像やそれを実現させるための手立てを考えてみてください。

対話的活動を鍛えるための掲示物

　先ほどは理想の対話的活動をする第一歩として，台本を読むことをご紹介いたしました。あくまでも台本は理想の対話的活動を体験させるための第一歩なので，いつまでも台本に頼っていてはいけません。とはいえ，理想の対話的活動を忘れないためにも，次のような掲示物を使っていつでも振り返れるようにしています。

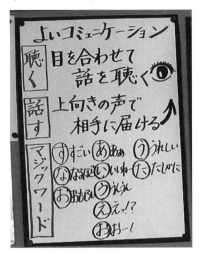
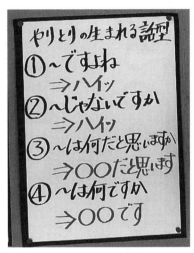

理想的な対話的活動を定着させるために心がけること

　理想的な対話的活動を定着させるためには，子どもだけに押しつけてはいけません。教師側の率先垂範が大切です。私は，「目を合わせて話を聴く」「上向きの声で相手に届ける」「やりとりの生まれる話型で話す」と，上の２つの掲示物を常に意識して話しています。日常から教師側が理想的な対話的活動を意識し，常に子どもの手本となることで，子どもの対話的活動も鍛えられていきます。

対話的活動

機動力の高い「ペア対話」

意見の交換

方法の確認

発表の練習

POINT

　ペア対話は，すぐに活動に取り組んだりやめたりできる機動力の高い活動です。意見の交換をしたり，方法の確認をしたり，発表の練習をしたりする活動で有効です。

効果的なペア活動の仕方

ペア対話は，すぐに活動に取り組んだりやめたりできるので機動力の高い対話的活動をすることができます。機動力が高い特性を生かして回数を積み重ねることで，考えを広げたり深めたりする活動になります。

ペア対話でおすすめの活動は，

①意見の交換

②方法の確認

③発表の練習

です。

①意見の交換について

授業の中で教師が思考を促す発問をしたり，考えをノートに書かせたりする活動を行います。その活動の後に，「ペアで意見を交換しましょう」と指示して活動させると効果的です。

②方法の確認について

活動に取り組む前に方法の確認を行います。「ペアで方法を確認しましょう」と指示をして方法の確認をさせます。「方法が確認できたら起立しましょう」と指示をすれば，方法が確認できたかどうか教師がすぐに把握することができます。

③発表の練習について

対話的活動を行う前に練習が必要な時に行います。練習をすることで自信を持たせることができます。p.80にある台本を使って，「ペアで台本を読みましょう」と指示をして活動させることで，やりとりのある対話的活動のよさを味わわせることができます。

対話的活動

ペアのつくり方

　ペアのつくり方は，ＡＢＣペアがおすすめです。

　Aペアは隣同士，Bペアは前後，Cペアは斜め，
でつくります。

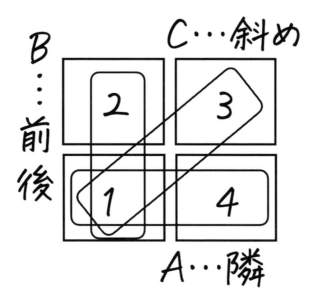

　席の配置は，
　　1と3…男子　　　2と4…女子
がおすすめです。そうすることで，ＡとＢでは異性，Ｃでは同性と対話する
ことができ，いろいろな組み合わせで対話的活動をさせることができます。

　ＡＢＣとペアを変え，回数を積み重ねることで充実したペア対話になりま
す。

　基本的に4人1組の組み合わせになるので，学級の人数編成によってはつ
くれない場合もあります。その時は，学級の実態に合わせてＡＢＣを決めて
います。

【参考文献】鈴木優太著『「日常アレンジ」大全』明治図書

ペア対話を充実させる枕詞

　ペア対話をさせる時に，枕詞をつけると活動が活発になります。

　例えば三角形の面積を求める問題で「底辺×高さ÷2」の「÷2」に着目させたい時は，

　「÷2って何だっけ？と言ってからペア対話しましょう」

と指示をすると，÷2に焦点が絞られたペア対話になります。

　教師の言ったことを確認させたい時は，

　「先生は何て言っていた？と言ってからペア対話しましょう」

と指示をすれば，教師の指示を確認するペア対話になります。他にも，

　「あなたの素晴らしい考えを教えて！と言ってからペア対話しましょう」

と言えば，楽しい雰囲気でペア対話をさせることができます。

　対話の目的に合った枕詞を使って活動させることで，対話的活動をより活発にさせることができます。

立ち歩きペア

　教室を自由に歩き回り，ペアをつくって対話をさせます。次のような手順で活動します。

①時間を設定する（3分程度）

②教室中を自由に立ち歩く

③ペアで対話をする

　教室中を自由に立ち歩いてペアをつくって対話をするので，いろいろな人の考えに触れることのできるダイナミックな活動になります。私の場合は，③ペアで対話をする場面でジャンケンをさせ，勝った方から考えを言うようにゲーム性を取り入れて活動させています。そうすることで，子どもたちは楽しみながら対話的活動をすることができます。

対話的活動

学力向上に有効な「ミニ先生」

「ミニ先生」を通して教え合うことで学力の定着を図ることができます。学習が進んでいる子にとっても遅れている子にとっても，学力を向上させるために有効な対話的活動です。

ミニ先生を充実させる方法

　ミニ先生は，何も手立てを取らなければ，学習が進んでいる子が遅れている子に一方的に教える活動になってしまいます。

　そこで私は，学習が進んでいる子にミニ先生をさせる際，次のような言葉を子どもたちに使わせています。

○ミニ先生が丸をつける場合
　「どのように考えましたか？」
○ミニ先生が勉強を教える場合
　「どこにつまずいていますか？」

> スーパーミニ先生
> ○丸をつける時
> →「どのように考えましたか？」
> ○教える時
> →「どこにつまずいていますか？」

　ミニ先生にこの言葉を使わせることで，学習に遅れている子が自分の考えを発言する機会をつくることができるので，対話的活動を充実させることができます。

ミニ先生を充実させる『学び合い』

　ミニ先生を充実させるためには，『学び合い』がおすすめです。『学び合い』は上越教育大学の西川純先生が提唱する方法で，「二重括弧の学び合い」と言われています。『学び合い』は次のように定義されています。

　授業中に子ども同士がお互いに教え合って，教師の設定した課題を達成していく方法

　ミニ先生の活動に子ども同士でお互いに教え合う『学び合い』の要素を取り入れることで，ミニ先生の活動を充実させることができます。

対話的活動

私は，授業の中で具体的に次のような手順で行っています。

①子どもに問題を提示する。
②問題が解けた子から教師のところに丸をもらいにこさせる。
③丸をつける際，教師が「どのように考えましたか？」と聞く。
④答えられたら丸をつける。答えられなかったらもう一度考えさせたり，問
　題の解き方を一緒に確認したりする。
⑤丸がついた子から順に，教師の②〜④の役割を担う。
　悩んでいる子に対しては，「どこにつまずいていますか？」と聞かせてか
　ら解決方法を教えさせる。
⑥全員が問題を解決できたら終了。

　全員が解決できたかどうかをひと目で確認するために，下図のようにネー
ムプレートを活用したり，全員が解決したグループから印をつけたりするの
もおすすめです。

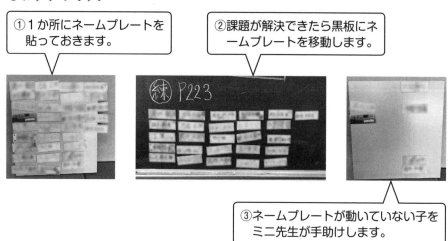

①1か所にネームプレートを
　貼っておきます。

②課題が解決できたら黒板にネー
　ムプレートを移動します。

③ネームプレートが動いていない子を
　ミニ先生が手助けします。

【参考文献】
西川純編『クラスが元気になる！『学び合い』スタートブック』学陽書房

ミニ先生を取り組む時の心構え

　ミニ先生の活動に取り組むと必ず出てくる考え方が

「学級に上下関係をつくってしまう」

というものです。

　確かに，学習が進んでいる子が遅れている子に対して勉強を教えるというのは，学習が進んでいる子には優越感を与えてしまい，遅れている子に対しては劣等感を与えてしまうことにつながります。

　だからこそ，ミニ先生を通して学習の向き合い方を指導する必要があります。私がミニ先生を通して子どもたちに教えている考え方は，次のようなことです。

○**教える側に対して**
・自分の力を人の役に立つために使うことは素晴らしいこと
・教えることで，自分の力を高めることができるということ
・学習が進んでいるからといって遅れている子を馬鹿にしないこと

○**教えてもらう側に対して**
・わからないことをそのままにしないことは素晴らしいこと
・教えてもらうということも人の役に立っているということ
・学習が遅れているからといって自分を否定しないこと

　正解・不正解がはっきりしている算数だからこそ，このような考え方を子どもに指導することは大切です。逆にいえば，算数を通してこのような考え方を指導することで，学力を定着させられるだけでなく，これからの人生を歩んでいく上で大切な考え方を教えることができます。

　私は，学力向上に合わせて，人間力向上のためにもミニ先生の活動を大切にしています。

対話的活動

自己の考えを広げ深める「グループ対話」

ディスカッション

グループワーク

その他の活動

POINT

　グループ対話では，自己の考えを広げ深めるための幅広い活動をすることができます。その学習に合った活動をすることで，より効果的な学習をすることができます。

グループ対話

　グループ対話は，自力解決を通して，個人で解決した課題や整理した課題をもとにし，考えを広げたり深めたりするために行います。算数のグループ対話において，後述するディスカッション型，またはグループワーク型で対話的活動に取り組むことが成果をあげやすいように感じます。

　対話的活動が充実する人数は，３〜４人です。できれば，３人で取り組んだ方が対話的活動が充実しやすいように感じます。

ディスカッション型

　ディスカッションは，**与えられた課題に対して，メンバーがそれぞれ意見を出し合って結論を導く**対話的活動です。自力解決で自分の取り組んだ課題の解決方法や考え方を話し合い，考えを広げ深めていきます。ディスカッションによって導かれた結論自体も大切ですが，結論を導くために話し合った**過程**もとても大切です。算数の授業では，一般的にディスカッション型で対話的活動が進むことが多いです。

グループワーク型

　グループワークは，ディスカッションと似た対話的活動です。ディスカッションとの大きな違いは，**話し合いの内容をまとめてプレゼンをしたり成果物をつくったり**するということです。グループワークでまとめたプレゼンや成果物を全体の話し合いの場面で発表します。プレゼンや成果物自体も大切ですが，それらをつくる過程を通して，考えを広げたり深めたりすることも大切です。

対話的活動

グループ対話を充実させる方法

　同じグループ対話の方法でも，子どもの実態によって成果が変わってきます。成果をあげる対話的活動にするために，対話のルールを共通理解して活動に取り組ませています。特に大切にしていることは，

相手の意見を尊重すること

です。そして，相手の意見を尊重するために次の5つの具体的なルールを共通理解しています。

①話の聴き方　②話し方　③席の作り方　④教具の置き方　⑤距離感

①話の聴き方

　話の聴き方は，p.81の対話的活動の意義でご紹介した，右のような掲示物を使い，

「目を合わせて話を聴くこと」

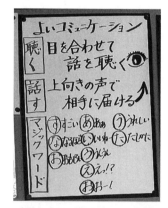

を重視させています。目を合わせて話を聴きながら，「すごい」「なるほど」「おもしろい」などの**ポジティブな反応**を心がけさせます。相手が間違えても否定する言葉は絶対に使わせません。「○○の部分を確認したいんだけど…」と，**否定ではなく確認**させるようにしています。聴き方を最初はルールとして設定することで，時間が経つと相手の意見を尊重する文化へと発展していきます。

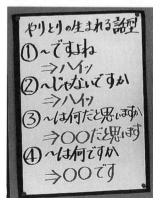

②話し方

　話す時は，右上の掲示物に書かれた

「上向きの声」

を重視させています。上向きの声だと，声は自

然と明るくなり，楽しい雰囲気で対話的活動をすることができます。

　また，左ページ下の掲示物を使い，「〜ですよね」「〜は何だと思いますか」のように，**相手が反応しやすい話型**を使わせるようにしています。

　他にも，いろいろな子が発言できるように「〇〇君はどう思う？」と話を振ることも心がけさせています。

③席の作り方

　下図に示すように，3人の場合の席の配置は机で三角形を作り，中央を向き合うようにします。4人の場合の席の配置は机で四角形を作り，中央を向き合うようにします。三角形や四角形を作って中央を向き合うことにより，人同士の距離が等間隔になり，全員が対話的活動に参加しやすい環境になります。

④教具の置き方

　小黒板やホワイトボードなどの教具は，前述した席の作り方で作った席の中心に置きます。教具を席の中心に置くことで，教具を1人で独占してしまうことを防ぎ，グループ全員で使うことができるようになります。

　小黒板を使う時は，グループの数だけ黒板消しやチョークを用意しておくと，スムーズに活動をすることができます。

⑤距離感

　成果のあがる対話的活動にするために
は，子ども同士の物理的・心理的な距離
感が近づくこともポイントです。

　子どもの距離感を近づけるために
「頭の距離は心の距離です」
「お尻を上げて頭を近づけましょう」
と声かけをしています。

🏓 その他の話し合い方

　少し高度になりますが，ディスカッションやグループワーク以外にもワールドカフェやジグソー法という方法もあります。

○ワールドカフェ

　ワールドカフェは，カフェでくつろいでいるようなリラックスした雰囲気のもと行われる会議で，楽しい雰囲気で学び合うことができます。方法としては，3～4人で話し合い，一定時間が過ぎたらメンバーを入れ替え，対話することを繰り返します。一般的に，

①グループで話し合う

②1人だけ残し，他のメンバーは違うテーブルで話し合う

③元のグループに戻り，移動先で話し合った内容や得た情報をもとに再度アイディアを出し合う

④話し合った内容を全体で共有する

という流れで行われます。

　一般的な流れはありますが，グループを変える回数や時間，人数に決まりはありません。実態によって柔軟に変えて大丈夫です。対話的活動は充実しますが，時間がかかるのが難点です。

○ジグソー法

　ジグソー法は，エキスパート活動とジグソー活動といわれる活動からなる活動で，次のような手順で行われます。

①グループをつくる

②グループごとに課題を振り分け，エキスパート活動をする

③組み合わせを変え，ジグソー活動をする

　例えばＬ字型の面積を求める学習なら３通りの求め方があります。

Ａ　　Ｌ字の面積を縦に切って，右にはみ出た四角形をたす方法

Ｂ　　Ｌ字の面積を横に切って，上にはみ出た四角形をたす方法

Ｃ　　四角形とみなして面積を求め，後で余分の四角形分をひく方法

　この３つの方法を右の②のようにグループごとに振り分け，その方法で確実に解決できるようにエキスパート活動をします。

　グループごとに解決ができるようになったら，③のように組み合わせを変えてそれぞれの解決方法を話し合うジグソー活動を行います。

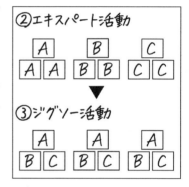

　自分の与えられた解決方法が確実にできるようになった上で他の考え方に触れることで，理解を深めることができます。

学びを充実させるための対話的活動

　対話的活動の方法を学ぶと，いろいろと試したくなってしまいます。その結果，活動をするための活動になってしまうこともよくあります。

　対話的活動は，あくまでも学びを充実させるための対話的活動です。本来の目的を見失わないよう，子どもの考えを広げ深める活動にするために適した学習活動を選択していくことが大切です。

対話的活動

学びを共有する「全体発表」

① 「上向きの声」で話す
② 「棒」と「こそあど言葉」を使う
③ 「句点」を多用する
④ 「〜ですよね?」と確認する
⑤ 「〜はなんですか?」と質問する

POINT

　子どもはこれまで，個人やペア，グループで学習をしてきました。「全体発表」を通してそれぞれの学びを共有し，学級全体の学びにしていきます。

➗ 全体発表の目的

　全体発表は，**学びを共有するために**行います。自力解決やペア・グループ学習などを通して，それぞれの学びをしてきました。その学びを共有し，学級全体の学びとすることで，より学習の理解につなげることができます。

➗ 発表のさせ方５つのポイント

　全体発表を充実させるために，次の５つのポイントを子どもに意識させています。

```
①「上向きの声」で話す
②「棒」と「こそあど言葉」を使う
③「句点」を多用する
④「～ですよね？」と確認する
⑤「～はなんですか？」と質問する
```

①「上向きの声」で話す

　下向きのボソボソとした声では発表は聞き取りづらいです。そこで，上向きのハキハキとした声で話してもらいます。たとえ声が小さくても，上向きの声なら聞き取りやすいです。

②「棒」と「こそあど言葉」を使う

　黒板に書かれた文字や図・表，掲示物や小黒板を活用しながら発表するために棒（なければ指）を使わせます。こそあど言葉を使って発表させることで，黒板に視線を集めることができます。

対話的活動

③「句点」を多用する

　子どもは話す時に，どうしても「〜で，〜で，〜で，」と，一文が長くなってしまいます。そこで，「。（句点）」を多用させます。句点を意識させることで，一文が短くなり，発表がわかりやすくなります。

④「〜ですよね？」と確認する

　子どもの発表はどうしても一方通行になりがちです。そこで，発表の中に「〜ですよね？」と確認する話型を組み込みます。発表者が「〜ですよね？」と聞けば，聞き手は「ハイ」と答えるやりとりが生まれます。

⑤「〜はなんですか？」と質問する

　発表の中で，「2×3はいくつになりますか？」などの簡単な計算や，「三角形の面積を求める公式はなんですか？」などの学習のポイントを質問させます。聞き手は発表者の質問に答えることで，集中力が生まれたり学習の定着が図られたりします。

　年度はじめは，p.80に紹介した発表の台本で，やりとりの生まれる発表の練習をさせます。少し発表に慣れてきたところで，台本ではなく前ページの掲示物に切り替えます。発表が慣れないうちは発表する時に黒板に貼り，確認しながら発表させます。慣れてきたら，掲示物は使わないようにします。

発表のさせ方の工夫

A　違う人がもう一度発表

　発表が終わったら，「○君，△さんと同じ発表をもう１回してもらいたいんだけどいい？」と伺い，発表してもらいます。

B　書いた人と別の人が発表

　小黒板や黒板に考えを書いた人ではない人に発表してもらいます。発表が終わったら，「その考え方で合っている？」と書いた人に確認します。

C　わかった人は起立

　発表が終わったら「わかった人は起立しましょう」と言い，起立してもらいます。次に，「立った人は，座っている人に発表内容を教えましょう」と言い，教え合いをします。全員が起立できたら教え合いを終わらせ，わかったことを最初の発表者ではない人に発表してもらいます。

D　ペアで発表内容の確認

　発表が終わったら「今の発表を隣同士でもう一度伝え合いましょう」と言い，ペアで発表を再現し，内容の確認をさせます。

　私は特に，ＣとＤの工夫をよく取り入れています。発表のさせ方の工夫をすることで，学級全体が学習に参加し，「～いいですか？」「いいです」という形式的な発表から脱却できます。

全体発表の注意点

　何も考えずに授業をしてしまうと，「発表させること」が目的となってしまいます。全体発表の目的はあくまで**「学びの共有」**です。発表者と聞き手を育て，考えを広げたり深めたりできるように心がけています。

対話的活動

子どもと教師の対話「机間指導」

実態の把握
個別の支援
小刻みなポジティブ評価
指名計画づくり

POINT

　一斉指導で全体に指導しただけでは，全員が学習の理解をすることができません。「机間指導」で子どもと教師の対話的活動をして，子どもの実態に合わせた授業展開をします。

机間指導を充実させる方法

子どもが自力解決や対話的活動に取り組む際，機間指導をします。機間指導の目的は

①実態の把握

②個別の支援

③小刻みなポジティブ評価

④指名計画づくり

の4つです。

子どもの実態を把握することで，個別に支援したり，全体に教え直したり，指名計画をつくったりするなど，子どもの理解に合わせて授業を展開することができます。また，小刻みでポジティブな評価を与えることで，子どもの学習に対する前向きな気持ちをつくることができます。

「○つけ法」で教師と対話的活動

「○つけ法」とは，志水廣先生の提唱する**問題を解決している子ども一人一人に対して機間指導の出前方式で赤ペンで○をつけていく方法**です。

基本方針として，×はつけずに，全員に○をつけます。

例えば，機間指導をしていて，子どもが課題解決ができていれば○をつけます。悩んでいる子がいたら，助言を与え○をつけます。問題を解いていたら，解決過程の途中の部分にも○をつけていきます。

○つけ法と合わせ，○をつける時は**「どのように考えましたか？」**，悩んでいる子に教える時は**「どこにつまずいていますか？」**と聞くことによって，子どもと教師の対話が生まれ，実態を把握したり個別の支援をしたりできます。

【参考文献】

志水廣著『算数力がつく教え方ガイドブック』明治図書

対話的活動

教師の技術が大切「一斉指導」

① 伝わりやすい指示
② わかりやすい説明
③ 思考の生まれる発問
④ やりとりの生まれる話型
⑤ ポジティブな声かけ

POINT

　主体的・対話的で深い学びが求められるようになり，さまざまな方法が授業に取り入れられるようになりました。しかし，一斉指導の技術の大切さは変わりません。

一斉指導の5つの技術

一斉指導には，次の5つの技術があると私は考えます。

①伝わりやすい指示
②わかりやすい説明
③思考の生まれる発問
④やりとりの生まれる話型
⑤ポジティブな声かけ

この5つの技術を場に応じて使い分けたり複合的に使ったりすることで，一斉指導を充実させることができます。

伝わりやすい指示

算数の授業は子どもに活動させる機会が多く，伝わりやすい指示が欠かせません。伝わりやすい説明の仕方は2つです。

A　1回に1つの指示

B　指示の視覚化

「A　1回に1つの指示」は，向山洋一先生の一時一事の原則で，1回の指示で1つのことだけ伝えるという技術です。

とはいえ，1回にたくさんの指示をしなければならないこともあります。そんな時に「B　指示の視覚化」です。p.40の見通しの場面で紹介したように，指示する内容を黒板に箇条書きで書くと，指示が明確になります。

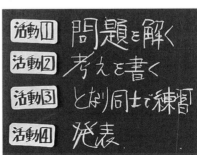

対話的活動

103

⚖ わかりやすい説明

　わかりやすい説明をするために心がけていることは，次の２つです。

①発表の5ポイント

②随時確認

　①は，子どもに求める発表の５ポイントを教師も使います。理由は，「わかりやすい説明は大人も子どもも変わらないこと」「教師がよいお手本となること」の２つです。

　どんなにわかりやすい説明をしても，子どもが
理解できていなければ意味がありません。そこで，子どもの様子を見取ったり，「ここまででわからない人？」と質問したりして，②随時確認しながら説明をします。

発表の5ポイント

目的:学びの共有

①「上向きの声」で話す

②「棒」と「こそあど言葉」を使う

③「句点(。)」を多用する

④「～ですね?」と確認する

⑤「～はなんですか?」と質問する

⚖ 思考の生まれる発問

　思考の生まれる発問をするために心がけているのは，「5W1H」です。その中で私がよく使うのは，「何を（What）・なぜ（Why）・どのように（How）」です。

・何を（What）…何を使ったら解決できるかな？

・なぜ（Why）…なぜそのような考えになるんだろう？

・どのように（How）…どのようにすれば間違いが少なくなるかな？

　他にも「誰（Who）の意見がいい？」「どの場面（Where）で使えそう？」「いつ（When）使えそう？」などの発問も効果的です。

　効果的な発問や発問の仕方はこれだけではありません。発問は，それだけで１冊本が書けるくらい深いものです。ぜひ学びや研究を進めて，ご自身の授業に合った発問を見つけてください。

やりとりの生まれる話型

　教師が指示や説明，発問をしても反応がなくて困ったことはないでしょうか？　そんな時は右図の**やりとりの生まれる話型**を教師が率先して使います。理由は，発表の5ポイントと同様です。最初は掲示物を黒板に貼り，話型を使う練習をします。例えば「長方形の面積を求める公式は縦×横ですよね」と言い，①を指します。すると子どもは，「ハイッ」と反応をします。次に，「では正方形の面積を求める公式は何で

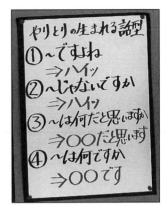

すか？」と言い④を指すと，「一辺×一辺です」と答えます。このようなやりとりを練習し，授業でも教師が話型を使って話すことで反応の仕方を身につけさせることができます。

ポジティブな声かけ

　ポジティブな声かけは一見，一斉指導の技術とは関係がないように感じます。しかし，教師のポジティブな声かけは，子どもの主体的な態度に影響を与え，成果のあがる学習につながります。ポジティブな声かけは，結果ではなく過程に着目すると効果的です。例えば，次のように声かけをします。

- 教科書をすぐに開いた　　　→　　　速い！
- しっかりと話を聞いている　→　　　目を合わせて聞いてくれているね
- 問題に悩んでいる　　　　　→　　　真剣に向き合ってくれて嬉しい
- 間違えた解答をした　　　　→　　　成長のチャンスだね

　ポジティブな声かけはしすぎだと思うくらいがちょうどいいです。正解・不正解のはっきりしている算数だからこそ，ポジティブな声かけをたくさんして子どもを勇気づけることを大切にしています。

対話的活動

「ノート」の役割

学習の「記録」
問題の「演習」
思考の「アウトプット」

POINT

昔から授業の中で大切にされている「ノート」。当たり前のように使われているノートの役割を把握することにより，一人一人の学力向上に役立てることができます。

✛ ノートの役割

　ノートは**学習の理解のために**取ります。では，どうしたら学習の理解につ
ながるノートになるでしょうか？　私は，次の３つの役割を意識することで，
より学習の理解につながると考えます。

---

①学習の「記録」
②問題の「演習」
③思考の「アウトプット」

　子どもも教師もノートを取ることが当たり前だと思っています。当たり前
すぎてしまい，ノートの目的や役割がすっかりと抜け落ちてしまっています。
だから，見た目がきれいなだけのノートになってしまったり，黒板の文字を
ただ写すだけのノートになってしまったりします。取ることが当たり前だか
らこそ，ノートの目的や役割を改めて理解することが大切です。

✛ ノートによる実態把握

　授業中，子どもはさまざまな活動をしたり，それぞれに思考をしたりしま
す。しかし，活動も思考も時間が経った後に見返すことはできません。
　だからこそ，①学習の「記録」，②問題の「演習」，③思考の「アウトプッ
ト」をしているノートを通して子どもの実態把握をします。子どもの活動は
「記録」として，子どもの思考は「演習」や「アウトプット」されてノート
に残っています。つまり，**「どのように学び・どのような学びをしたか？」**
ノートを通して，学習の過程と結果を把握することができます。
　子どもにとっての学習の理解のためのノートは，教師にとっては子どもの
実態を把握するためのノートになるのです。

ノート指導

学習を充実させる「算数ノートの書き方」

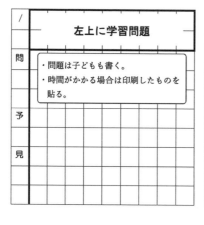

POINT

　算数ノートの書き方はある程度決まっていると，学習が充実します。ご自身の学校や学級の実態に合わせてテンプレートをつくることで，子どもの学びやすさにつながります。

➗ ノートの記号

青枠…	学習問題	問 …	学習素材	
予 …	問題の答えの予想	見 …	問題解決の見通し	
自 …	自力解決	考 …	自分の考え	
友 …	友達の考え	練 …	適用・練習問題	
赤枠…	まとめ	振 …	振り返り	

➗ ノートの書き方

○学習問題は左上に青枠，まとめは右下に赤枠で囲む（色は学校の実態に合わせる）

○途中式や計算式は必ず書く

○思いついたことや考えたことをメモ書きする（マス目は意識しなくてもよい）

○間違いの修正に消しゴムは使わない

○文字は基本的に１マスに１文字書く

　ただし，メモ書きや筆算等の計算式，２ケタ以上の数字など，状況に合わせて書き方を変えてもよい

○分数は，原則として上下２マスを使って書く

○ ml や mg は，１マスを使って書く（g は下にはみ出して書く）

○線を引く時は，線引きを使う

○一の位…赤，十の位…黄，百の位…青，千の位…緑，以降繰り返しで書く（板書も同色）（色は学校の実態に合わせる）

○1/10の位…黄，1/100の位…青，1/1000の位…緑，以降繰り返しで書く（板書も同色）（色は学校の実態に合わせる）

ノート指導

学習の理解につながる
「思考の過程を残す」

思考の過程を残す

＋ ２ ×
－ １ ３ ÷

POINT

　　学習の理解につなげるために，「思考の過程を残す」ことはとても大切です。思考の過程を残す大切さと方法を子どもと共通理解して，思考の過程を残すノートにしていきます。

思考の過程をノートに残す

これは独断と偏見になりますが，指導しなければ子どもは，黒板に書かれたことと，答えしかノートに書かない子がほとんどです。つまり，目に見える学習の結果しかノートに書き残しません。しかし，**目に見えない過程も大切**です。**目に見える学習の結果**と**目に見えない学習の過程**をノートに書くことで学力の向上につながるノートになります。

ノートに書き残すもの

算数ノートには，次のものを書くように子どもと共通理解しています。
①**黒板に書かれたもの**
②**式・途中式・計算式・答え**
③**自分の考え**

子どもは「黒板に書かれたものをノートに書くもの」だと思い込んでいるようで，黒板に書かれていない②途中式・計算式と③自分の考えを書き残すことがほとんどできません。②の途中式や筆算などの計算式は書かない子が結構います。書いたとしても，机やメモ帳に書く子もいます。ノートに書いても，答えが出たら消してしまう子もいます。③の自分の考えは，頭で考えるだけでノートに書こうとしません。また，②や③は間違えていることに気づくと全て消しゴムを使って消してしまいます。

ノートは，学習の「記録」，問題の「演習」，思考の「アウトプット」の場であることが大切です。ですので，黒板に書かれていない学習の過程もノートに書き残すことを子どもに伝え，学力の向上につながるノートを書けるように子どもを鍛えていきます。

とはいえ，どうしてもノートを書けない子もいます。その子に対しては，能力に合わせて柔軟に対応していきます。

ノート指導

「学力定着」の必要性

学力定着

- ○学びの5ステップ
- ○定着のさせ方
- ○宿題の出し方

POINT

　教師の「授業改善」をしただけでは学力の定着をすることはできません。子どもが自分で自分の力を高める方法を知り，積み重ねることで学力を定着させることができます。

授業改善だけでは学力が定着しない

嬉しいことに，授業改善を積み重ねると，

「わかりやすい！」「勉強が楽しい！」

と，子どもが言ってくれるようになり，授業の手応えを感じられるようになります。

しかし，その手応えとは裏腹にテストで成果が伴わないこともあります。テストが全てだとは言いませんが，義務教育で学習の成果を発揮する場はテストの占める割合が大きいものです。

教師の授業改善に合わせ，子どもに学び方を身につけさせることで，子どもの学力は定着します。

学び方を学ばせる

テストの点数が上がらない原因として，子どもは，「勉強は教えてもらうもの」だと思っていることが考えられます。確かに学校では教師が勉強を教える場面がほとんどです。勉強を教えてもらう感覚では**受け身**の状態なので，なかなか学力が定着しないのだと考えられます。

世の中に出ると，教えてもらえることばかりではありません。自分自身で**主体的**に学ばなければならないこともたくさんあります。そこで，義務教育期間では，勉強を通して自分で自分の力を高めるための学び方を身につけさせることと，主体的に学び続けられるような態度を育むことが大切だと考えます。自分で自分の力を高める学び方と主体的に学び続ける態度を身につけた結果が，自然とテストの結果に結びついてきます。

テストの点数を上げるのではなく，テストを通して子どもたちにとって将来必要な力を身につけさせることを大切にし，その結果としてテストの点数も向上させていきます。

学力定着

自分の力で解けるようになる「学びの5ステップ」

○学びの5ステップ

① 問題を解く
② 丸つけ（間違い探し）
③ 間違い直し（分析）
④ もう一度間違えた問題
⑤ もう一度全部の問題

POINT

　学力を定着させるポイントは，自分の力だけで問題を解決できるようになることです。そのために，同じ問題に何度も何度も取り組んで自分で自分の力を高める学習方法を定着させます。

学びの5ステップ

　学びの5ステップは，自分で解いた問題を自分で採点し，間違いを分析して自分の力だけで問題を解けるようになるための方法で，次のようなステップで取り組みます。

---

　①問題を解く
　②丸つけ（間違い探し）をする
　③間違い直し（分析）をする
　④もう一度間違えた問題を解く
　⑤もう一度全部の問題を解く

　多くの子どもは，①か②までの方法でしか取り組んでいません。数人の子は③まで取り組んでいますが，④⑤まで取り組んでいる子はほとんどいません。学力が定着したといえる状態になるには，自分の力だけで問題を解けるようにならなければなりません。つまり，④⑤を自分の力だけで取り組めるようになって，初めて学力が定着したといえます。学習のステップとして④⑤までを取り組めるよう子どもに定着させることで，初めて自分の力で自分を高められるようになります。

　①では，途中式や計算式も書き残し，問題を解きます。②では，丸つけではなく**「間違い探し」**という言葉を使います。そうすることで，正解ではなく，不正解を見つけることがよいことだと子どもたちに認識させられます。③では，間違い直しではなく**「分析」**という言葉を使います。間違いを直すだけではなく，間違えた理由と向き合わせるためです。④⑤は，何度伝えてもなかなか全員が取り組めるようになりません。根気よく何度も何度も呼びかけ，同じ問題に取り組めるようにしていきます。

【参考文献】
葛原祥太著『「けテぶれ」宿題革命！』学陽書房

学力定着

学びの5ステップの「定着のさせ方」

◯学びの5ステップ ✏

①問題を解く
②丸つけ（間違い探し）
③間違い直し（分析）
④もう一度間違えた問題
⑤もう一度全部の問題

・掲示物の作成
・テストとの連携

POINT

学びの5ステップは，言っただけではすぐに定着させることはできません。いつでも方法を振り返れる仕組みをつくり，5ステップのよさを実感させられるようにします。

学びの5ステップの掲示物

　学びの5ステップは，子どもに教えただけではすぐに忘れてしまいます。そこで，右のような掲示物を作り，いつでも振り返れるようにしています。

　算数の練習問題に取り組む時や，学力定着の時間を使って，掲示物を使いながらできるようになるまで何度も何度も確認します。

テストとの連携

　学びの5ステップの有用性を実感させるためには，自分の成長が明確になることです。テストの点数が上がれば，自分の成長に喜びを感じ，主体的に取り組めるようになります。そこで，テスト日と範囲をテスト1週間以上前に子どもに伝えます。私は，教室の背面黒板の月行事を記入するスペースにテスト日を記入し，学習の見通しを持たせています。背面黒板がない場合は，テスト日の掲示物を作って掲示しています。

学力定着

117

成果につながる「宿題の出し方」

○宿題の出し方

・学校で解く

・同じ問題を家で解く

・何度も同じ問題を解く

POINT

　学力を定着させるためには，学校の学習時間だけでは十分とはいえません。そこで，学びの5ステップと宿題を連携させ，成果につながる学習時間を増やします。

宿題の出し方

　私が若手の頃，計算ドリルの答えを切り取り，指定したページに取り組ませ，翌日教師が丸つけをするというように宿題を出していました。その方法ですと，宿題に取り組める子もいますが，取り組めない子もいました。計算ドリルを宿題に出し，自分の力だけで取り組むことは難しいようです。そこで，今では次のように宿題に取り組ませています。

①学校で計算ドリルの問題に学びの5ステップ①～④で取り組む

②友達や教師から教えてもらい，自分の力だけで解けるようにする

③宿題で同じ問題に取り組む

　宿題は一度学校で取り組んだ問題をもう一度家で取り組むというものです。学びの5ステップは何度も同じ問題を解いて学力を定着させる方法なので，この方法だと効果はとても大きいです。

学びの5ステップで取り組ませる

　上の方法や学びの5ステップに慣れてきたら，学校で取り組んでいなくとも学びの5ステップで宿題に取り組ませます。

　問題数にもよりますが，「2回取り組む」と，右のように連絡帳に書いて宿題を出しています。学校で学びの5ステップを積み重ねることで，宿題でも1回目は間違えたり，答えを見たりしても，2回目は自分の力で問題に取り組めるようになります。同じ問題に2回以上取り組むことが当たり前になっているので，宿題でも2回以上取り組めるようになります。

第4章

「授業づくり」の実際

「学習指導要領解説」を読もう！

指導内容と方法が明確になる！

小学校学習指導要領（平成 29 年告示）解説
算数編
平成 29 年 7 月

文部科学省

POINT

授業づくりで大切にしたいのが「学習指導要領解説」です。一見読むのが大変そうですが,ポイントをおさえて読めば,短い時間で負担なく読むことができ,授業づくりに大きな成果を与えてくれます。

✚ 学習指導要領で教材研究！

　みなさんは，学習指導要領解説について，どのように考えているでしょうか？

　私が若手の頃は，

「分厚すぎて読む気がしない」

「読んでも意味がない」

などと思っていました。

　学習指導要領は，**全国のどの地域で教育を受けても，一定の水準の教育を受けられるようにするために**文部科学省が定めたものです。私たちが扱っている教科書をはじめとした教材は，学習指導要領をもとにつくられています。そして学習指導要領解説は，学習指導要領を授業づくりに役立てられるように書かれています。単元の学習に入る前に学習指導要領解説に目を通すことで，単元を通してポイントをおさえた授業づくりをすることができるようになります。

✚ 学習指導要領の読むところ

　平成29年に告示された小学校学習指導要領解説算数編は，ページ数にして400ページ…とにかく分厚いです。それもそのはず，学習指導要領解説には，その単元に必要な前学年までの学びやポイント，指導法が丁寧に書かれているからです。

　分厚くて読むのにハードルが高いと感じてしまう学習指導要領解説…。

　しかし，単元のポイントをおさえる上で読まなければいけないページはほんの２〜３ページで少ないんです。学習指導要領を読むことによって，短い時間でポイントをおさえた教材研究をすることができます。

02

リアル・授業づくり・「教材研究」の実際

授業づくり with

POINT

　ここからは，学習指導要領解説を使った授業づくりについて解説いたします。本書の第1〜3章の内容と関連づけた授業づくりのお役に立てると思いますので，ぜひあわせてお読みください。

用意するもの

　授業づくりに用意するものは次の３点です。

①学習指導要領解説算数編

②指導書

③Ａ４マス目ノート

　私は情報をたくさん書き込めるので，Ａ４のノートを使っています。また，図や表や絵をかくことも多いので，自由にかき込めるマス目のノートがおすすめです。

　学習指導要領は，紙媒体のものも使いますが，普段は iPad に PDF データをダウンロードして使っています。iPad に PDF データをダウンロードすることで，持ち運びが簡単になるからです。

　今回は，５年生「整数（公倍数の求め方）」を取り扱い，私の具体的な教材研究の仕方についてご紹介いたします。

➗ ノートに線を引く

　最初にノートに線を引きます。私はＡ４サイズのマス目リングノートを使っています。

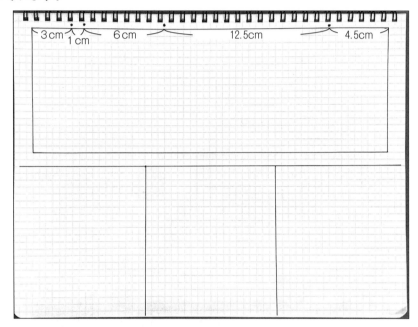

○上段の四角　　　　　　：黒板（縦９cm ×横27cm）
　（黒の点…左から３cm，　１cm，　６cm，　12.5cm，　4.5cm）
○中段のスペース　　　　：ねらい
○下段　　　　　　　　　：授業展開

　本校の黒板は（縦1.2m ×横3.6m）ですので，１：３の比率になるように四角の大きさを作っています。また，黒板に貼られたシールと同じ場所になるように黒い点を打っています。
　下段は約10cm で３等分しています。ここに授業展開を書きます。

学習指導要領を読む

単元の学習が始まる前に学習指導要領を読みます。

ラインマーカーで単元のポイントにラインを引きます。

A（1）整数の性質

（1）整数の性質及び整数の構成に関わる数学的活動を通して，次の事項を身に付けることができるよう指導する。

　ア　次のような知識及び技能を身に付けること。

　　（ア）整数は，観点を決めると偶数と奇数に類別されることを知ること。

　　（イ）約数，倍数について知ること。

　イ　次のような思考力，判断力，表現力等を身に付けること。

　　（ア）乗法及び除法に着目し，観点を決めて整数を類別する仕方を考えたり，数の構成について考察したりするとともに，日常生活に生かすこと。

〔用語・記号〕　最大公約数　最小公倍数

　学習指導要領解説は分厚くて読むのが大変だと感じます。しかし，その学年のその単元については，ほんの2～3ページしか書かれていません。ですので，教材研究で学習指導要領解説を使ったとしても5～10分程度で読めます。指導するポイントもわかりやすく解説されています。

　今回ご紹介する単元では，「偶数と奇数に類別されることを知ること」「約数，倍数について知ること」「乗法及び除法に着目し，観点を決めて整数を類別する仕方を考えたり，数の構成について考察したりすること」がポイントだとわかりました。

✛ 指導書を読む

「指導書を読んでも意味がない」
と言われますが，指導書は上手く活用すれば，授業で成果につなげることができます。活用するポイントは，

・単元の解説　　・本時のねらい

をおさえることです。指導書に書かれたことをそのまま授業で展開するわけではなく，**単元の授業の在り方**をおさえます。学習指導要領の内容と指導書をあわせて読むことで，単元を通して身につけさせる力が明確になり，単元の授業の在り方がおさえられます。

○単元の解説

単元の目標から身につけさせる力をおさえます。

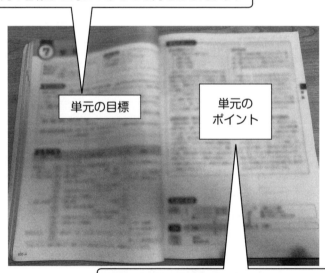

単元の目標

単元の
ポイント

単元の解説を学習指導要領と合わせて読み，
ポイントをおさえます。

○本時のねらい

今回の授業では，最大公倍数という言葉を定着させ，工夫した見つけ方を考えさせます。

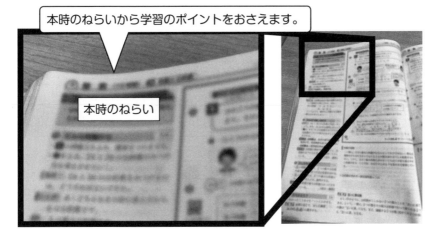

本時のねらいから学習のポイントをおさえます。

本時のねらい

➗ ノートに展開を書く

○本時のねらいを書く

最初に本時のねらいをノートの真ん中のスペースに書きます。

公倍数や最大公倍数のみつけ方を考え，工夫してみつけることができる

○展開と板書計画を書く

　キーワードや本時のねらいをもとに，授業の流れを書きます。「おさえるのはこれだけ！」というポイントを多くても３つ程度におさえて書きます。

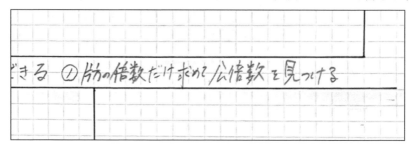

　算数の流れはある程度決まっているので，p.12の図解を参考にしています。流れと一緒に板書計画を書くと授業展開をイメージしながら書くことができます。

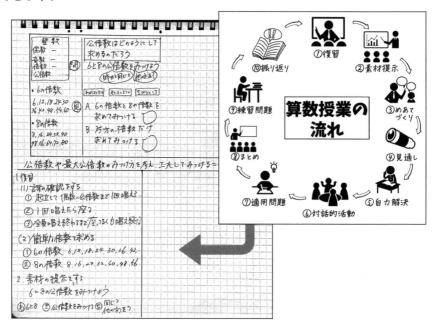

○完成

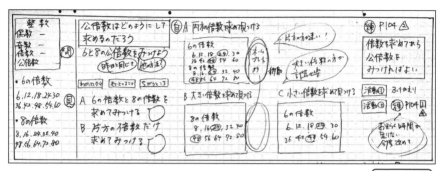

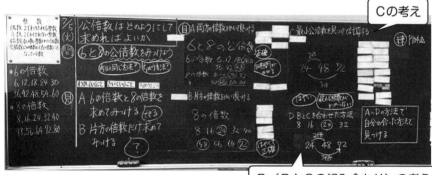

Cの考え

D（BとCの組み合わせ）の考え

　授業とは，教材研究通りにはいかないものです（笑）。特に大きく変わったのはCとDの考え方でした。机間指導をしていて，子どもは教科書にないCの考え方をしている子が多いことに気づきました。この考えを取り上げることで，対話的活動は考えたものと全く違う方向に行きました。結果，BとCの考え方を組み合わせ，新たにDの考え方を生み出しました。話し合いが長引いたので，できなかった練習問題はテスト前にすることにしました。

　このように，子どもの考え方が考えた展開とは変わってくる場合があります。無理やり考えた展開におさめるのではなく，流れを変えながら柔軟に対応していくことを大切にしています。

授業の振り返り

　私は，撮影した板書を教室に置いているＬ判専用の写真印刷機ですぐに印刷してファイリングしています。また，地元の教育事務所の作ったチェックシートの項目を活用して授業の振り返りをしています。

すぐに印刷
してファイリング

授業前〜まとめまで，授業中の自分自身の振り返りをチェックリストを用いて確認します。
チェックリストは学校や教育委員会等で配布しているものを活用できます。
私は，地元の教育事務所のチェックシートを活用しています。

教育事務所のチェックシート

授業改善をするための「振り返り」

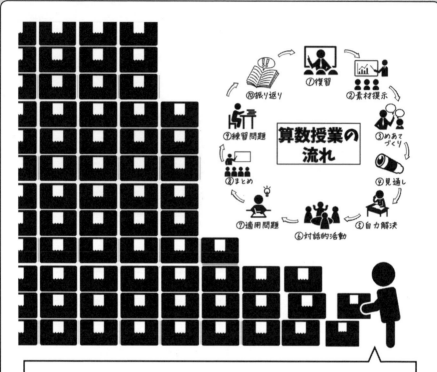

小さな授業改善の積み重ね

POINT

　授業はある日急に上手くなるものではありません。しかし，日々の小さな授業改善を積み重ねることで確実に上達します。積み重ね続けさえすれば，何年経っても授業力を向上し続けることができます。

授業改善をするための「振り返り」

　前項では，私の教材研究についてご紹介いたしました。紹介した教材研究にかかった時間はだいたい40分近くです。時間のある時はいいかもしれませんが，毎回毎回同じように時間をかけて教材研究をすることはできません。そこで，少ない教材研究の時間でも成果のあがる授業にしていく必要があります。そのために必要なのが，授業改善の積み重ねです。算数の授業はある程度流れが決まっているので，内容は違えど改善したことを次の授業に生かしやすい教科です。

　では，どうしたら成果のあがる授業改善をすることができるのでしょう。そこで欠かせないのが，**授業の振り返り**です。

　授業の振り返りをすることで，自分の授業の改善点が明確になります。明確になった改善点を次の授業に生かすことで，成果のあがる授業改善の積み重ねをすることができます。

　振り返りにかかる時間は，工夫をすれば5分程度です。1回1回の授業で5分程度の振り返りをすることで，小さいかもしれませんが確実に授業改善をすることができます。そして，年数をかけて小さな授業改善を積み重ねることで，数年後の大きな授業改善へとつながります。最初は時間がかかっていた教材研究も，授業改善が積み重なるにつれ，短い時間で成果のあがるものになってきます。

板書の写真のファイリング

　私の学級には，撮影した板書の写真をすぐに印刷ができるように写真専用の印刷機が置いてあります。まとめをして1時間の板書が終わった後の振り返りと練習問題の時間に黒板を撮影し，すぐに印刷をしてしまいます。

SELPHY CP1300（Canon）

　機種にもよりますが，フリマアプリを使えば3000円程度で購入することができます。印刷用紙も１枚20円程度でリーズナブルです。

　印刷をした後は，すぐに振り返り用紙に貼って考察し，ファイリングをしてしまいます。２～３分程度で終わるので，授業時間内，もしくは授業後の休み時間にすぐに終わらせることができます。

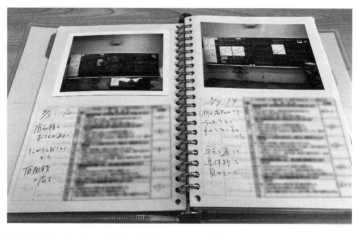

　写真を撮り忘れたり，印刷できなかったりしても，

　（ま，そういう時もあるよね。次はやろう！）

と，軽い気持ちで続けることが大切だと考えています。

　この振り返りは初任から15年間続けています。まだまだ力不足ではありますが，５分程度の小さな積み重ねを長く続けることで，少しずつ授業力がついてきたと感じます。

他の方法

板書を撮影する授業改善以外にも効果的なのが，**授業の録音**や**授業の動画撮影**です。管理職に許可を取った上で録音や動画の撮影をします。音声情報がメインですので，帰宅途中に聞いたり他の作業をしながら聞いたりして振り返ることが

IC レコーダー RR-XS455（Panasonic）

できます。改善点を見つけたら簡単にメモをしておくことで，次の授業に生かすことができます。

私の場合，授業の録音からは，
・教師が話しすぎ　・指示がわかりづらい　・発問の意味がわからない
動画からは，
・教卓にしがみついている　・身振り手振りが少ない
・説明の時に黒板を隠してしまっている
などの改善ポイントを見つけ，次の授業に生かすことができました。

ここまでする必要もない

いろいろな方法をご紹介しましたが，ここまでする必要もないと思います。あるものを使えば，成果のあがる振り返りをすることができます。そのあるものとは，**週案**です。

週案は書かなければならないものです。どうせ書かなければならないものなので，授業改善に使ってしまおうということです。上手くいったことや，次につなげたいことをひと言書くだけで授業改善につながる振り返りをすることができます。管理職からフィードバックをもらえることもあります。

大切なことは，ご自身に合った振り返りをして小さな授業改善を積み重ね続けることです。

おわりに

「やっとわかった！」

　私が小学生の頃，難しい問題に挑戦して，悩みに悩んでやっと出した自分の答え。正解か不正解か…恐る恐る確認して合っていた時のあの喜び。

「なんて素敵なんだろう！」

　1つだけでは無機質で何も感じられなかった図形。その図形を規則正しく並べることで生まれる美しい幾何学的な模様。何も感じない1つの図形がいくつも組み合わさることで美しい模様になると気づいたあの感動。

「髙橋君の教え方わかりやすい！」

　中学生の頃，連立方程式の解法を友達に教えている時に友達に言ってもらった言葉。思春期で自分の存在価値に悩んでいた時に言ってもらったこの言葉が嬉しくて嬉しくて。

「大山君の教え方わかりやすい！」

　大学生の頃，難しくて挫折しかけた線形代数。優しく解法を教えてくれた友達。理解できた時に心の底から湧き出た喜び。そして，友達への尊敬と感謝の気持ち。

　私が算数の授業改善を続けるのは，私が今まで味わった感動を子どもたちにも味わってもらいたいからかもしれません。

　正解・不正解のはっきりしている算数は，扱い方を間違えると残酷な教科になりかねません。逆に，正解・不正解がはっきりしているからこそ，喜びを感じたり，感動を味わったり，尊重し合える関係をつくれたりすることのできる教科にもなります。

本書にまとめた内容は，私の失敗がもとになって生まれた実践ばかりです。私の失敗が，みなさんのお役に立てたのなら本当に嬉しいです。

　私はこれからも，教師も子どもも算数という教科の楽しさを味わえるよう授業改善をしていきたいと考えています。
　この旅に終わりはありません。ぜひ，一緒に学んでいきましょう。

著者　髙橋　朋彦

【著者紹介】
髙橋　朋彦（たかはし　ともひこ）

1983年千葉県生まれ。現在，千葉県公立小学校勤務。文科省指定の小中一貫フォーラムで研究主任を務める。市教育委員会が主催する初任者研修や若手研修で，算数や数学の授業公開をし，講師を務める。教育サークル「スイッチオン」，バラスーシ研究会，日本学級経営学会などに所属。算数と学級経営を中心に学ぶ。

著書に『授業の腕をあげるちょこっとスキル』（明治図書）ほか「ちょこっと」シリーズに加え，『明日からできる速効マンガ　4年生の学級づくり』（日本標準）などがある。

図解　見るだけでポイント早わかり
算数授業研究

2023年7月初版第1刷刊	©著　者	髙　橋　朋　彦
2024年4月初版第5刷刊	発行者	藤　原　光　政
	発行所	明治図書出版株式会社

http://www.meijitosho.co.jp
（企画）佐藤智恵（校正）武藤亜子
〒114-0023　東京都北区滝野川7-46-1
振替00160-5-151318　電話03（5907）6703
ご注文窓口　電話03（5907）6668

＊検印省略　　　　　組版所　中　央　美　版

本書の無断コピーは，著作権・出版権にふれます。ご注意ください。

Printed in Japan　　　　ISBN978-4-18-263221-1
もれなくクーポンがもらえる！読者アンケートはこちらから